DU BIST DIE ENTSCHEIDUNG

Schnell und entschlossen handeln

URS MEIER mit Doris Mendlewitsch

DU BIST DIE ENTSCHEIDUNG

Schnell und entschlossen handeln

Scherz

www.fischerverlage.de

Erschienen bei Scherz,
ein Verlag der S. Fischer Verlag GmbH, Frankfurt am Main
© S. Fischer Verlag GmbH, Frankfurt am Main 2008
Umschlaggestaltung: Hißmann & Heilmann, Hamburg
Gestaltung und Satz: Kommunikationsdesign Petra Soeltzer, Düsseldorf
Druck und Bindung: CPI – Ebner & Spiegel, Ulm
Printed in Germany

ISBN 978-3-502-15146-3

Inhalt

Vor dem Anpfiff	6

Kapitel 1 — 13
DAS GEFÜHL
Wie Sie Ihre Intuition für das Entscheiden nutzen

Kapitel 2 — 49
DER VERSTAND
Wie Sie sich Ziele setzen und sie auch erreichen können

Kapitel 3 — 91
DIE ERFAHRUNG
Warum Sie besser entscheiden, wenn Sie viel erlebt haben

Kapitel 4 — 137
DER MUT
Wie Sie die Angst vor dem Entscheiden verlieren

Kapitel 5 — 183
DAS ICH
Wie Sie mit sich und Ihren Entscheidungen ins Reine kommen

Literaturhinweise — 220

Vor dem Anpfiff

Haben Sie schon einmal darüber nachgedacht, wie viele Entscheidungen Sie jeden Tag fällen? Schätzen Sie mal: 10, 20 oder 50?

Für welche Zahl Sie sich auch entschieden haben: Es war falsch. Denn es sind mehr, viel mehr sogar! Man geht davon aus, dass man durchschnittlich bis zu 10 000 spontane Entscheidungen täglich trifft. Das sind die kleinen, die keine besondere Hürde darstellen, einem manchmal gar nicht bewusst werden: beispielsweise ob man Wurst oder Marmelade aufs Frühstücksbrötchen gibt, ob man rennt, um den Bus noch zu erwischen, oder ihn einfach sausen lässt, ob man auf der linken oder rechten Straßenseite geht. Aber es sind auch anspruchsvollere Entscheidungen dabei, zum Beispiel, ob man heute dem Chef endlich mal widerspricht, wenn er wieder einen absurd kurzfristigen Termin für die neue Vorlage setzt, ob man das Ersparte für einen neuen Fernseher ausgibt oder lieber in die Altersvorsorge steckt, ob man den kostbaren Urlaub mit einer Freundin verbringen soll, die zeitweise ziemlich nervig werden kann.

Situationen aus der Oberklasse der Entscheidungen kommen zum Glück nicht alle Tage vor. Das sind die, die auch das Leben der anderen beeinflussen, etwa wenn man beschließt, seine Familie zu verlassen, oder als Firmenchef eine Fusion anstrebt, die eine Menge Leute den Arbeitsplatz kosten wird.

Bis zu 10 000 Entscheidungen täglich – kommt es da noch auf jede einzelne an? Natürlich! Schließlich sind es Ihre Entscheidungen, ist es Ihr Leben und Ihre Freiheit, die Sie nutzen oder eben nicht. Ich habe oft bemerkt, dass viele Menschen eine Scheu vor Entscheidungen haben und sie sich nicht zutrauen, etwas bewegen zu können. Dann entscheiden sie lieber gar nicht oder sie suchen so lange nach der besten Lösung, bis das Schicksal oder jemand anderes die Sache für sie übernimmt – sie geben ihre Entscheidung einfach aus der Hand. Egal, ob zu ihren Gunsten oder Ungunsten.

Mir hat es immer Freude gemacht, Entscheidungen zu treffen. Daher wusste ich auch schon sehr früh, dass ich Schiedsrichter werden wollte – ein Job, in dem Entscheiden unter extremen Bedingungen stattfindet. In einem normalen Spiel muss ich innerhalb einer Minute vier bis fünf Entscheidungen treffen. Ist es Foul gewesen? Stand dieser Spieler im Abseits? War der Ball über der Linie oder nicht usw. Das Für und Wider dieser Einschätzungen systematisch in einer schönen Liste mit zwei Spalten aufzuführen ist natürlich unmöglich. 22 Spieler auf dem Feld, weitere auf der Ersatzbank, die Trainer, vielleicht 40 000 Zuschauer, zahlreiche Reporter und natürlich die Millionen Experten an den Bildschirmen wollen eine Entscheidung von mir – die richtige, und das sofort. Was mir mit einer entsprechenden Geräuschkulisse, ermutigenden Zurufen und handfesten Drohungen auch deutlich gemacht wird. Das alles findet womöglich auch noch in der 90. Minute statt, wenn ich schon zwölf bis 15 Kilometer gelaufen bin, mein Puls auf 160 ist und meine Entscheidung nicht nur den Ausgang dieses aktuellen Spiels bestimmt, sondern vielleicht sogar noch die Meisterschaft.

Das ist Stress, der reine, ungefilterte Stress. Rational und kritisch betrachtet ist das eine Situation, in der man auf keinen Fall eine Entscheidung treffen sollte – so lauten jedenfalls die Aussagen der Psychologen oder Managementberater. Zu viel Aufregung, zu viel Emotion, zu wenig Zeit, zu viel Druck. Alles an dieser Situation ist kritisch, aber es gibt keine Möglichkeit, sich zu entziehen.

Können Sie sich das vorstellen? Sie haben nur eine Chance. Sie können Ihre Entscheidung nicht korrigieren. Und alle wissen besser Bescheid als Sie. Zumindest sind die meisten der Fans davon absolut überzeugt. Also gibt's nur eins:

Sie tun es!

Sie entscheiden.

Sie haben schon x-mal eine ähnliche Situation erlebt. Sie wissen, was Sie gesehen haben, Sie trauen Ihrer Intuition, Ihrem Instinkt, Sie verlassen sich auf Ihren Kopf. Und Sie sagen klar und deutlich: So war's und deshalb gibt es diese Konsequenzen.

Das ist ein tolles Gefühl, ein erhebender Moment, glauben Sie mir. Und dieses Gefühl gibt es natürlich nicht nur im

Stadion, sondern überall: zu Hause, im Büro, im Geschäft, in der Politik, ob Sie Ehemann, Ehefrau, Geliebte, Mutter oder Vater sind, ob Sie als Manager, Lehrer, Arbeitnehmer, Arzt, Wissenschaftler oder Praktikant arbeiten. Nur gönnen sich viele Menschen diesen Erfolg nicht oft genug. Aus Angst vor unangenehmen Folgen, aus mangelndem Selbstbewusstsein, weil sie glauben, sie bräuchten noch mehr Informationen, um sich zu entscheiden.

Ich bin Praktiker, durch und durch. Deshalb ist dieses Buch auch keine theoretische Abhandlung. Schließlich habe ich nicht systematisch zu den Grundlagen der Entscheidung geforscht, ich habe keine wissenschaftlichen Experimente angestellt. Aber ich war Schiedsrichter, bin Vater, habe als Angestellter gearbeitet, leite jetzt eine eigene Firma – kurzum, ich kenne das Leben aus vielen ganz normalen Perspektiven, ich habe oft genug entschieden, häufig klug, aber auch mal unklug. Dass ich als Schiedsrichter tätig war, hat alle diese Bereiche beeinflusst, wie umgekehrt meine alltäglichen Erfahrungen sicher in meine Entscheidungen auf dem Fußballplatz eingeflossen sind.

Deshalb erzähle ich Ihnen in diesem Buch viele Geschichten aus der Praxis, die sich auf jedes Leben übertragen lassen. Etliche davon haben mit Fußball zu tun. Aber keine Sorge! Sie brauchen weder Fußballkenner noch -fan zu sein, um sie zu verstehen. Ich erzähle diese Begebenheiten aus der Fußballarena, weil es interessante, beispielhafte und übertragbare Situationen sind. Es geht einfach um die Konstellationen, um das, was ganz allgemein beim Entscheiden eine Rolle spielt. Um soziale Beziehungen, um Vertrauen, Betrug, Ungerechtigkeit, Mut, Rücksicht, um alles, was Ihnen und mir täglich begegnet. In 90 Minuten kommt das alles sehr verdichtet auf den Punkt.

Ich habe in den letzten Jahren viel über das Entscheiden nachgedacht, ich habe darüber gelesen, mit vielen Leuten gesprochen und – nicht zuletzt – mich selbst beobachtet. Zum einen um mich zu verbessern, zum anderen weil wir im internationalen Spitzenfußball eine Professionalisierung der Schiedsrichter anstreben. Alle im Fußball trainieren ständig ihren Job. Also muss auch die Ausbildung der Schiedsrichter auf diesem Niveau sein, damit ihre Arbeit auf einem sicheren Fundament steht und sie ihren Auftrag gut und richtig erfüllen können. Insofern ist dieses Buch also keineswegs eine Anekdotensammlung, sondern ein Plädoyer für die Praxis, aus meiner ganz persönlichen Erfahrung heraus.

Ich kam nicht als Schiedsrichter auf die Welt. Aber im Laufe der Zeit lernte ich immer mehr darüber, wie Entscheidungen funktionieren, wie sie zustande kommen, welche Faktoren auf welche Art wirken, wie ich mit Druck umgehe, und man kann tatsächlich das Entscheiden üben und dadurch seine Entscheidungen optimieren. In den Jahren meiner Karriere als Schiedsrichter – angefangen bei Begegnungen der Jugendliga in der Schweiz bis hin zu den Weltmeisterschaftsspielen – war ich immer überzeugt davon, dass die Kunst, Entscheidungen zu treffen, extrem eng mit der Persönlichkeit zusammenhängt. Die ist zwar einerseits eine unverrückbare Größe, andererseits aber doch wandelbar. Keiner kann aus seiner Haut heraus, nicht der Draufgänger und nicht der Schüchterne. Die Grundzüge eines Menschen bleiben erhalten. Aber die Fähigkeiten verändern sich! So, wie Sie lesen und schreiben gelernt haben, so können Sie auch lernen, Entscheidungen schnell und entschlossen zu treffen. Es ist trainierbar, ähnlich wie ein Muskel, der, wenn man ihn nicht benutzt, erschlafft und immer kleiner wird.

Ich habe das Buch in fünf Abschnitte gegliedert. Sie folgen den Elementen, die meiner Ansicht nach zum Entscheiden gehören:

1. das Gefühl,
2. der Verstand,
3. die Erfahrung,
4. der Mut,
5. das Ich.

Mein Ziel ist, Ihr Bewusstsein für die einzelnen Anteile Ihrer Person an Entscheidungen zu schärfen, damit:

1. Sie schneller Entscheidungen treffen,
2. Sie leichter die richtigen Entscheidungen fällen,
3. Sie die Angst vor dem Entscheiden verlieren.

Denn Sie gewinnen viel: mehr Freiraum, mehr Lebensqualität, sogar mehr Glück. Also, entscheiden Sie sich für das Richtige, packen Sie die Sache einfach an. Denn letztlich führt kein Weg daran vorbei: **Du bist die Entscheidung.**

Kapitel 1

DAS GEFÜHL

Wie Sie Ihre Intuition für das Entscheiden nutzen

»Ich überlege.
    Mein Bauch entscheidet.«

Max Grundig

Viertelfinale der Europameisterschaft 2004. 89. Minute im Spiel England gegen Portugal. Es steht 1:1. Für jede der beiden Mannschaften geht es ums Ganze: Einzug ins Halbfinale oder Koffer packen. Ich gebe einen Freistoß für England. Im Strafraum der Portugiesen wird es unübersichtlich, gut 20 Spieler drängeln sich vor dem Torwart Ricardo Pereira. David Beckham schlägt den Ball von der linken Seite scharf herein.

Wie nach dem Lehrbuch schraubt sich Sol Campbell in die Luft, volle Körperspannung. Unglaublich, wie hoch er über den anderen steht. Ein perfekter Kopfball. TOR! Rasendes Toben auf den Rängen, die englischen Fans jubeln, die Portugiesen schreien auf vor Entsetzen. Sie werden aus dem Turnier fliegen.

Mein Puls ist auf 160. Ich bin schon knapp 15 Kilometer in diesem Spiel gelaufen. Der Lärm ist ohrenbetäubend, die englischen Spieler reißen die Arme hoch und triumphieren. Die Portugiesen sind kurz davor auszurasten. Ich stehe rund 20 Meter entfernt vom Geschehen, und der Ball ist im Tor.

Ich muss jetzt eine Entscheidung treffen. Eine Entscheidung von großer Tragweite für die Betroffenen. Zu denen letztlich auch ich gehöre, denn wenn ich einen Fehler mache, ist meine Autorität für diese Meisterschaft und wahrscheinlich auch für die kommenden Turniere untergraben, und ich werde kein Bein mehr auf die Erde bekommen.

Das Problem: Ich habe nicht genau gesehen, was passiert ist. Ich war zu weit entfernt und in ungünstiger Position. Einer der festen Grundsätze im Fußball lautet: Du pfeifst nur, was du siehst. Eine Regel, die auch außerhalb des Fußballfelds überall angewendet wird, die uns vom ersten Schuljahr an eingebläut wird. Es gilt in allen Lebensbereichen nur, was sich nachweisen lässt. Und ich habe nicht gesehen, wie dieses Tor zustande gekommen ist, ob eine Behinderung des Torwarts stattgefunden hat oder nicht.

Ich muss jetzt entscheiden, jetzt sofort, innerhalb des Bruchteils einer Sekunde. Ich habe keine Zeit. Sie als Leser benötigen x-mal mehr Zeit, um die Beschreibung der Situation zu erfassen, als mir zum Entscheiden bleibt.

Ich entscheide. Ich gebe dieses Tor nicht. Ich annulliere das Tor wegen Foulspiels.

Später habe ich mir die Videoaufzeichnung des Spiels angeschaut und daran war eindeutig zu erkennen, dass der Engländer John Terry den portugiesischen Torhüter behindert hat. Das Video wurde aber aus einer anderen Perspektive gedreht, von meiner Position aus war definitiv nicht zu sehen, dass Terry mit seinem linken Arm den Portugiesen nach unten drückte.

Woher wusste ich, dass gefoult wurde? Ich habe es gespürt. Mein Bauch, mein ganzer Körper sagte mir, dass an

Gilt nur, was man sieht?

der Situation etwas nicht stimmte. Im Moment des Geschehens hätte ich gar nicht erklären können, was falsch war. Erst im Nachhinein wurde mir klar, was mich störte und zu der Entscheidung veranlasste, das Tor nicht zu geben: Es waren zwei Kleinigkeiten.

Auch wenn Sie kein Fußballfan sind, kennen Sie bestimmt die Situation, nachdem ein Tor gefallen ist. Der Torschütze genießt seinen Erfolg, seine Mannschaftskameraden springen vor Begeisterung in die Luft, und wenn sie wirklich gut sind, formieren sie sich flott wieder neu, damit im allgemeinen Jubel der Gegner nicht das Heft in die Hand nimmt. Die Mannschaft, die das Tor kassiert hat, protestiert oder schickt sich ins Unvermeidliche. Kurzum: Alle sind mit sich und ihrem Triumph bzw. ihrer momentanen Niederlage beschäftigt.

In dieser Situation war es genauso. Die Portugiesen schimpften, und die Engländer freuten sich. Bis auf einen. John Terry schaute nicht auf seine Kameraden, nicht auf den Torschützen Sol Campbell, nicht auf den Torwart Ricardo Pereira. Er blickte mich an.

Das war die Aktion, die meiner Intuition sagte: Hier ist etwas faul. Warum schaut er mich an? Terry prüfte mit einem Blick zu mir, ob ich etwas gesehen hatte. Ob ich gesehen hatte, wie er Pereira behinderte. Hätte er ein reines Gewissen gehabt, dann hätte er sich über das Tor gefreut wie die anderen Engländer. Aber er wusste, was er getan hatte, und er wollte sehen, ob ich es auch wusste.

Die Zeichen richtig deuten

Und meine Intuition sagte mir: Wenn er so schaut, dann hat er's getan. Ich habe auf meinen Bauch gehört und das Tor annulliert – gegen den Schiedsrichtergrundsatz.

Das Spiel ging unentschieden aus, und in dem anschließenden Elfmeterschießen gewannen die Portugiesen und waren damit auch eine Runde weiter. Die Engländer mussten nach Hause fahren. Wem die Engländer die Schuld in die Schuhe schoben und welche Folgen diese Entscheidung für mich hatte, erzähle ich an anderer Stelle.

Hier geht es mir zunächst darum zu verdeutlichen, was mir die Intuition bedeutet. Sie können nach dieser Episode sicher nachvollziehen, dass ich sage: Ich liebe die Intuition. Weil sie so schnell ist. Viel schneller als alle Anstrengungen des Verstands je sein können. Und sie ist ziemlich fleißig, weil sie immer auf dem Posten ist, auch wenn wir gar nicht bemerken, dass sie bei der Arbeit ist. Das gefällt mir, es gibt mir Sicherheit und schafft Freiräume. Und zwar nicht nur auf dem Fußballfeld, sondern überall.

In großen Unternehmen wird jedoch geradezu ein Kult um die vorbestimmte Logik der Abläufe gemacht, man presst in ein Schema, was nur irgendwie geht. Die Entscheidungswege sind bis ins Kleinste vorgezeichnet, jeder Entschluss muss in eine Form gekleidet und in einer Art begründet werden, die auch der Filialleiter in Sri Lanka begreift – auch wenn ihn diese spezielle Sache gar nicht betrifft. Selbst wenn man zugesteht, dass ein straffes Reglement in großen Organisationen nötig ist, weil sonst alles in Windeseile auseinanderbröselt – diese völlige Vernachlässigung der Rolle des Gefühls und der Intuition halte ich für kurzsichtig. Und für dumm. Weil eine solche Ansicht weder der erfahrbaren Realität entspricht noch dem Stand der Wissenschaft. Man begreift weder als Privatmensch noch als Unternehmer, wodurch und warum bestimmte Entschei-

Für Führungskräfte essenziell: die Bedeutung der Intuition zu erkennen dungen zustande kommen, wieso manche Menschen nicht miteinander arbeiten können und wieso sich Dinge in eine unvorhersehbare Richtung entwickeln – oder gar nicht vorankommen. Man selbst findet sich in Situationen wieder, mit denen man nicht umgehen kann. Das ist das eigentlich Irrationale und Gefährliche an einer Nichtachtung des Gefühls.

Gemeinsam stark: Gefühl und Verstand

Mir hat diese künstliche Reduktion auf den Verstand sowieso nie ganz eingeleuchtet. Schließlich sind Gefühle und Verstand überlebenswichtige Einrichtungen, und es ist absolut sinnlos, sie gegeneinander ausspielen zu wollen. Als Schiedsrichter ebenso wie als Vater oder Geschäftsmann käme ich ohne meine Intuition nicht einen Schritt weiter. Ob man das jetzt Bauchgefühl oder den sechsten Sinn oder sonst wie nennt: Das Gefühl spielt bei unseren Entscheidungen eine Riesenrolle, ohne dass wir uns dessen bewusst werden. Denn die Intuition ist immer schneller als der Kopf. Es ist also eine Frage der Intelligenz, sich über seine Gefühle klar zu werden, den Vorteil ihrer Existenz zu erkennen und natürlich auch ihre Grenzen deutlich zu sehen.

Intelligent handelt, wer sich seiner Gefühle bewusst wird

Als Schiedsrichter ist meine Intuition mein wichtigstes Arbeitsmittel. Natürlich gibt es Regeln, und die kennt auch jeder. Aber die Regeln sind für 22 Spieler nur der Rahmen, in dem sie sich bewegen und dessen Begrenzung sie zu überschreiten versuchen, so wie es Kinder während ihrer Entwicklung auch tun. Die Spieler bringen das Leben ins Geschehen. Das konkrete Spiel hat seine eigene Dynamik, seine individuelle Gesetzlichkeit. Es ist alles immer wieder neu, je nachdem wer dabei ist, welche Ziele die Teilnehmer verfolgen, ob es um den Pokal geht oder nur ein Testspiel ist. Dazu kommt: Das Spiel legt ein ordentliches Tempo vor, auch wenn es ein »gemütliches« ist. Das heißt, selbst wenn ich wollte, hätte ich gar nicht die Zeit, systematisch darüber nachzudenken, was jetzt gerade passiert, wer wo stand und was das für die Entscheidung bedeutet, ob ein Spieler gefoult hat oder nicht.

Gleichwohl weiß ich, was Sache ist. Und obwohl ich keine Liste mit Pro und Kontra angelegt habe, habe ich eine Meinung oder sogar Gewissheit hinsichtlich des Ablaufs und der daraus folgenden Konsequenzen – trotz der unglaublichen Komplexität des Geschehens. Denn die einzelnen Aktionen laufen ja nicht schön übersichtlich hintereinander ab, sondern nahezu gleichzeitig, verändern sich im Ansatz wieder und provozieren eventuell Reaktionen von bis dahin Unbeteiligten.

Das bedeutet, dass ich eigentlich schon bevor etwas geschieht merken muss: Gleich wird es passieren. Nur dann gibt es überhaupt eine Chance, dass ich rechtzeitig dorthin schaue, wo die Tat stattfinden wird. Dass ich die Konstellation erfasse, durch die in der nächsten Sekunde die entscheidende Wendung für das Tor eintritt oder ein Spieler seinen Fuß einen Schritt zu weit setzt und ich das Spiel unterbrechen muss, weil er im Abseits steht. Ich muss ja mitrennen und wenn ich in die falsche Richtung laufe oder erst mal abwarte, dann ist schon alles zu spät.

Es spielt sich im Fußball, im guten zumindest, alles sehr raffiniert ab. Es gibt keine feststehenden Anzeichen, sondern

Intuition ist die Basis der Erkenntnis

man muss spüren: Proviziert dieser Spieler das Foulspiel? War es Absicht oder keine? Du musst spüren, dass dieser Spieler jetzt den Elfmeter sucht. Du musst es im Gefühl haben, dass der Ablauf nicht stimmt, dass er sich zu früh hat fallen lassen oder zu spät, dass er den Kontakt herbeigeführt hat und der Gegner gar nicht anders konnte, als über ihn zu fallen. Das ist eine Aktion innerhalb von Bruchteilen einer Sekunde. Und unmittelbar danach – oder sogar schon währenddessen – entscheidest du: Das war nichts, der hat nur so getan als ob, der wollte sich einen Elfmeter erschleichen. Also weiterspielen.

Man schöpft aus einem riesigen Reservoir von Erfahrungen, das sich im Lauf der Zeit aufgebaut hat und über das man schon instinktiv verfügt. Im Fußballtraining macht man sich das zunutze, indem bestimmte Situationen und Spielzüge immer wieder geübt werden. Auch die Spieler müssen ja pausenlos entscheiden, was sie tun sollen: zum Ball hinrennen, auf einen Pass warten, eine andere Position einnehmen, antäuschen, abgeben, nach links oder nach rechts, aufs Tor zu halten, angreifen, verzögern, offensiv werden, ruhig bleiben oder etwas ganz anderes.

Den Erfahrungsschatz nutzen

TOP 1
Setzen Sie Ihre Intuition bewusst als Werkzeug ein.

Wir streben diese systematische Erfahrungserweiterung auch bei der Ausbildung der Schiedsrichter an, damit sie ein Gefühl für bestimmte Situationen bekommen. Man hat verschiedene Studien durchgeführt, bei denen man erfahrenen Schiedsrichtern Videos mit Spielzügen gezeigt hat, die man mittendrin anhielt. Sie sollten dann sagen, was aller Voraussicht nach als Nächstes passieren würde und wie sich die Aktion entwickeln würde. Sie hatten keine Bedenkzeit, sondern mussten sofort entscheiden. Es hat sich herausgestellt, dass die erfahrenen Schiedsrichter relativ genau vorhersagen konnten, wie es weiterlaufen würde. Die ungeübteren Schiedsrichter waren nicht ganz so erfolgreich in ihren Vorhersagen. Beide Gruppen wurden übrigens schlechter, wenn sie mehr Zeit hatten und länger über das Problem nachdenken durften. Dass sie mehrere Alternativen durchspielen durften, erhöhte nicht ihre Sicherheit, sondern verringerte sie. Interessant, oder? Das entspricht ja nicht den üblichen Überzeugungen: In weniger Zeit erzielt man bessere Ergebnisse. Wir werden noch sehen, ob sich das auf alle Arten von Entscheidungssituationen anwenden lässt.

Festhalten lässt sich auf jeden Fall: Viel von diesem Gespür hängt mit Erfahrung zusammen, worauf ich später noch ausführlicher zu sprechen komme. Aber es braucht auch Mut. Man muss sich eben auch trauen, seiner Intuition Gehör zu schenken. Ich habe oft beobachtet, dass Menschen in beruflichen oder auch gesellschaftlichen Situationen das nicht tun. Weil sie Angst haben, vielleicht sogar vor der eigenen Courage. Und weil sie sich fürchten, einer Kraft zu folgen, die sie nicht ganz verstehen und deren Wirkungsweise sie nicht genau nachvollziehen können. In vielen Alltagssituationen verlassen sie sich aber ganz selbstverständlich auf ihren Instinkt, etwa beim Autofahren. Sie denken nicht ausführlich und bewusst darüber nach, was zu

Seiner Intuition zu trauen erfordert auch Mut

tun ist, wenn das von links kommende Auto beschleunigt und ihnen den Weg abschneidet, ob sie erst auf die Bremse und dann auf das Kupplungspedal treten sollen oder umgekehrt. Sie machen es einfach, weil ihnen die Abläufe in Fleisch und Blut übergegangen sind. Und ihre Erfahrung sagt ihnen, dass noch genügend Zeit bleibt, in den Rückspiegel zu schauen und auf die rechte Spur auszuweichen. Gleichwohl würden viele dieser Leute, die mit schlafwandlerischer Sicherheit durch den Verkehr steuern, es weit von sich weisen, dass ihre Intuition eine ebenso große Rolle bei Entscheidungen über Investitionen spielt.

Alte Sache neu entdeckt: das Bauchgefühl

Dabei ist das Vertrauen auf die Intuition ja keine esoterische Spinnerei. Sie lesen es in jedem Magazin und anderen Publikationen: Wissenschaftlich ist eindeutig nachgewiesen, dass Intuition und Gefühl bedeutende Komponenten bei Entscheidungen aller Art sind und dass das auch nützlich und wichtig ist. Gefühl und Intuition sind wesentlich für die schnelle Einschätzung von Situationen. Die Flut der Informationen, die in jeder Sekunde auf uns einstürzt, wäre überwältigend, würde uns verrückt machen und zur vollständigen Lähmung führen, wenn wir nicht mithilfe der Intuition den Überblick behielten.

Intuition hilft bei der Bewältigung vielfältiger Informationen

Nur ein Beispiel: Allein die Aufgabe, ein Gesicht zu erkennen, ist enorm anspruchsvoll. Die Hauptparameter gelten ja für nahezu sämtliche Gesichter auf der Welt: Augen, Nase, Mund. Untergeordnet kommen noch dazu Haare, Ohren und spezifische Erkennungsmerkmale wie Narben.

Das Unterbewusstsein reduziert Komplexität

Die sind aber relativ selten. Das meiste spielt sich über die Proportionen ab, also eine schwer zu definierende Größe. Trotzdem sind wir in der Lage, so feine Differenzierungen vorzunehmen, dass wir Hunderte von Gesichtern unterscheiden können. Nur weil unser unbewusst arbeitender Instinkt und das Unterbewusstsein in der Lage sind, eine Vielzahl von komplexen Zeichen und Signalen wahrzunehmen, einzuordnen oder sie zu löschen.

Diese Fähigkeit der Intuition oder des Instinkts ist ganz allgemein nützlich, aber besonders bedeutend für gefährliche Situationen. Ich habe von einem interessanten Experiment dazu gehört. Vor rund zehn Jahren hat es der Neurologe Antonio Damasio in den USA entwickelt und durchgeführt. Er lud eine Gruppe von Testpersonen ein und legte ihnen vier Stapel mit Spielkarten vor. Sie sollten jeweils eine Karte ziehen. Was die Testpersonen zunächst nicht wussten: Die ersten beiden Stapel brachten große Gewinne. Jedoch waren auch »schlechte Karten« darin versteckt, für die man kräftige Geldbußen bezahlen musste und die den bisherigen Gewinn wieder zunichte machten. Auch in den beiden anderen Stapeln befanden sich solche schlechten Karten, allerdings weniger gefährlich, nämlich mit geringeren Verlusten verbunden.

Mittels Elektroden, die an der Haut befestigt waren, maß man während des Experiments die Hautleitfähigkeit. Sie steigt, wenn man beispielsweise aus Nervosität zu schwitzen beginnt. Die Testpersonen fingen an zu spielen, durchschauten aber nicht sofort, dass zwei Stapel in den Ruin führten, die beiden anderen hingegen weniger riskant waren. Nach etlichen Runden und ca. 40 gezogenen Karten hatten sie zwar den Eindruck, dass die ersten beiden Stapel irgendwie gefährlich oder riskant waren, konnten sich aber nicht erklären, welches System dieser Erkenntnis zugrunde lag. Als Damasio aber die Aufzeichnungen der Elektroden studierte, stellte er fest, dass bereits ab der zehnten Karte die Hautleitfähigkeit extrem anstieg, wenn die Spieler nach den gefährlichen Stapeln griffen – die Intuition hatte also viel früher als der Verstand erkannt, wo die Gefahr lauerte.

Der Bauch – das zweite Gehirn

In der letzten Zeit beschäftigen sich immer mehr Menschen damit herauszufinden, was eigentlich dieses Bauchgefühl ist, wie es zustande kommt und welche Rolle es bei unseren Entscheidungen spielt. Man sagt sogar, der Bauch sei unser zweites Gehirn. Vielen mag das ein bisschen seltsam vorkommen oder sogar unangenehm sein, wenn sie sich vorstellen, dass Magen und Darm Einfluss auf unsere Handlungen haben sollen. Andererseits kennen ja die meisten von uns körperliche Reaktionen in bestimmten Situationen. Bei Nervosität haben viele Durchfall, bei Dauerstress Magenschmerzen, bis hin zum Geschwür oder es ist ihnen dauerhaft schlecht. Eine Kollegin von mir hat beispielsweise in der Phase, in der sie sich von ihrem Mann trennte, sechs Kilo abgenommen, einfach weil sie nichts essen konnte. Im positiven Fall ist es ja ähnlich. Jeder von uns kennt es, dieses Kribbeln der »tausend Schmetterlinge im Bauch«.

Körperliche Reaktionen auf psychische Belastungen

Früher glaubten die Wissenschaftler, dass der Verdauungsapparat eine mehr oder weniger primitive Röhre ist, in der sich vor allem Muskelreflexe abspielen. Erst vor kurzer

Zeit hat man herausgefunden, dass es sich um eine hochkomplexe Einrichtung handelt. Die Därme sind umhüllt von mehr als 100 Millionen Nervenzellen, das sind noch mehr, als sich im Rückenmark befinden. Das heißt, dass diese Körperteile alles andere als simple Gebilde sind, sondern extrem empfänglich für Signale und auch selbst sehr aktiv in der Produktion von Informationen, die durch den Körper geschickt werden.

Auch wenn es sich im ersten Moment irritierend anhört: Diese Region ist quasi ein Abbild des Gehirns, denn die Zelltypen und Wirkstoffe usw. entsprechen genau denen des Gehirns. Die psychoaktiven Substanzen, die unsere Stimmungen hervorrufen oder beeinflussen, werden hier produziert. Und die Mehrheit der Nervenstränge führt vom Bauch zum Gehirn, nicht umgekehrt. Das heißt, dass der Bauch permanent das Gehirn mit Informationen und Signalen versorgt. Wir bekommen das nur nicht mit, außer in besonders extremen Fällen eben durch Übelkeit, Erbrechen usw.

Chemische Zeichen der Erfahrung im Bauchhirn

Der Bauch lernt auch bzw. speichert Erinnerungen. Emotionen sind demnach Erinnerungen an Erfahrungen und als solche im Darm chemisch festgeschrieben. Wenn der Darm das so genannte Glückshormon Serotonin produziert oder Abwehrzellen dazu anregt, ihre Arbeit gegenüber schädlichen Eindringlingen zu verrichten, dann wird das Kopfhirn darüber informiert – und interpretiert das eben als gute Laune bzw. Unwohlsein. Das Kopfhirn speichert diese Informationen und erkennt ähnliche Situationen, wenn sie wieder eintreten. Etwa die Angst, die sich einstellt, wenn man einen bestimmten Geruch in einem langen Flur mit vielen Türen wahrnimmt. Man fühlt sich in die längst vergangene Schulzeit mit ihren Prüfungsniederlagen zurückversetzt. Wahrscheinlich hängt auch damit zusammen, dass man häufig so schnell weiß: Diese Person mag ich nicht. Oder: Dem traue ich nicht über den Weg. Oder: Das ist der Mann, das ist die Frau fürs Leben.

TOP 2
Akzeptieren Sie, dass Ihre Intuition ein anderes Urteil fällt, als die Fakten nahelegen.

Schon bei materiellen Dingen, die man unters Elektronenmikroskop legen kann, ist es schwierig, wahr und unwahr zu unterscheiden. Bei sozialen Beziehungen ist es natürlich noch viel komplizierter.

Denken Sie einmal zurück! Wann hat Ihnen ein Bekannter zuletzt eine Geschichte erzählt, der Sie nicht recht Glauben schenken konnten? Da fällt Ihnen sicher etwas ein. Konnten Sie dann gleich mit Zahlen und Fakten aufwarten oder war es lediglich Ihr Gefühl, welches Ihnen sagte: Hm, so kann es nicht gewesen sein? Es ist äußerst kompliziert, da jeder von uns die Dinge aus einem anderen Blickwinkel betrachtet und damit seine eigene »Wahrheit« hat, ähnlich wie die verschiedenen Kamerapositionen bei einem Fußballspiel. Jede einzelne, und bei einer Übertragung sind es bis zu 25 Kameras, hat ihre eigene Position und damit »ihre eigene Sicht der Dinge«. Wie auch immer, ich bin überzeugt davon, dass ich spüre, wenn jemand grundsätzlich betrügerische Absichten hat. Manche Fußballer gaben mir sogar wörtlich zu verstehen, dass sie einen Bund mit mir eingehen

Verschiedene Blickwinkel berücksichtigen

wollen. Bei internationalen Spielen etwa sagten sie zu mir: »Sie sprechen deutsch, ich auch, da helfe ich Ihnen im Spiel.« Da ist es ganz offensichtlich, dass so jemand mich übers Ohr hauen will. Schiedsrichter und Spieler haben nun mal unterschiedliche Positionen und Aufgaben, da deutet schon allein der Versuch einer Kumpanei auf unehrliche Absichten hin.

Aber ich habe auch auf verdeckte Signale geachtet. Bevor das Spiel begann und wenn alle in einer Reihe standen, schaute ich sie mir genau an. Da wusste ich sofort: Der da und der da sind ehrlich, aber dieser dort hat keine Skrupel, dich auszutricksen nach allen Regeln der Kunst. Es ist schwierig zu sagen, woran ich solche Eindrücke festmache. Sicher sind es nur ganz zarte Zeichen, ein kleines Niederschlagen der Augen, ein betont freundliches Lächeln oder sogar noch weniger. Man muss natürlich berücksichtigen, dass alle gewinnen wollen und dass es auch für die Ehrlichen einen Zielkonflikt gibt. Sie möchten die Nr. 1 werden – und zwar im Fußball, nicht im Edelmut. Insofern habe ich zwar ein deutliches Gefühl von Vertrauen zu bestimmten Spielern, aber ich verlasse mich auch nicht total darauf.

Die Intuition ist eine empfindliche Angelegenheit und – ich will nicht sagen launisch – empfänglich für Stimmungen. Man muss höllisch aufpassen, dass man »gut drauf« ist, sonst fallen die Urteile falsch oder ungerecht aus. Manches erscheint reizvoller, als es tatsächlich ist, anderes wird abgelehnt. Man hat festgestellt, dass Menschen die genau gleiche Situation oder dasselbe Bild anders bewerten, wenn sie vorher etwas Positives gesehen oder gedacht haben, als wenn sie in negativer Stimmung waren. Wenn man in schlechter Verfassung ist, interpretiert man den Gesichtsausdruck eines

Gespür für Unehrlichkeit entwickeln

anderen Menschen beispielsweise als aggressiv, ist man in guter Stimmung, hält man ihn für neugierig und an seiner Umwelt interessiert.

Sie kennen diesen Effekt vielleicht aus eigenem Erleben. An Tagen, an denen man gut gelaunt ist, widerfahren einem permanent schöne Sachen: Das Wetter ist prima, man kriegt beim Joggen eine Super-Zeit hin, die Leute lächeln, in der U-Bahn ist trotz Stoßzeit ein Platz frei. Aber: Wenn man gerade gehört hat, dass der Sohn die Versetzung in die nächste Klasse nicht schafft, dann empfindet man die Temperatur als viel zu hoch für die Jahreszeit, beim Joggen behindern einen dauernd lahme Enten und in der U-Bahn gibt's mal wieder nur einen Platz, dessen Polsterung beschädigt ist.

Intuition ist stimmungsabhängig

TOP 3
Stellen Sie vor wichtigen Entscheidungen eine positive Gefühlslage her.

Man kann den Drang, eine emotionale Farbe ins Geschehen zu bringen, nicht ausschalten. Sie können aber viel dazu beitragen, sich diesen Mechanismus im positiven Sinn zunutze zu machen. Ich habe deshalb immer sehr viel Wert darauf gelegt, mich gut auf die Spiele vorzubereiten. Und zwar nicht im rein technischen Sinn, sondern im mentalen. Dass ich ausreichend trainiert war, um die beiden Halbzeiten durchzustehen, ist eine Voraussetzung. Aber die psychische Seite war mir noch wichtiger. So haben sich bei mir mit der Zeit gewisse Rituale herausgebildet, nach denen meine Vorbereitung ablief.

Gute Stimmung fördert gute Entscheidungen

Normalerweise bin ich am Tag vor dem Spiel angereist, so gegen 16 oder 17 Uhr. Ich traf mich mit den Schiedsrichter-Assistenten, Funktionären und anderen, ging vielleicht gemeinsam essen und achtete darauf, dass ich nicht zu spät ins Bett kam. Vor dem Einschlafen habe ich mich stets intensiv gedanklich mit dem Spiel auseinandergesetzt. Es war immer wichtig für mich, mir sehr deutliche Bilder vor Augen zu rufen: den Spielort, die Zahl der Zuschauer, die Sitzplätze der Fans auf der einen Seite, die der anderen gegenüber, elegante Spielzüge, gut gelaunte Beteiligte, harmonische Abläufe, richtige Entscheidungen der Schiedsrichter und Assistenten, Schlusspfiff, Klatschen, frohe Gesichter, Händeschütteln der Mannschaften, Trikottausch, ein rundum tolles Spiel – das habe ich mir alles vorgestellt. Und mit diesen positiven Gedanken bin ich eingeschlafen.

Positive Gedanken – gute Gefühle

Ich habe immer sehr darauf geachtet, dass mir nichts diese gute Stimmung verdarb. Wenn es irgendwie ging, habe ich alles ausgeblendet, was mich sonst beschäftigt hat, im Geschäft oder in der Familie oder in anderen Bereichen.

Am nächsten Tag hat es die Besprechung mit den Offiziellen gegeben, die Stadionbesichtigung usw. und nachmittags habe ich mich meistens nochmals hingelegt, um meine Kräfte zu sammeln, konzentriert zu werden. Und auch hier wieder habe ich ganz bewusst vor dem Einschlafen nur positive Gedanken zugelassen bzw. sie aktiv hervorgerufen. Am Anfang meiner Karriere ging das alles natürlich noch nicht so gut, ich war auch nervös und nicht so gelassen. Aber im Laufe der Zeit bin ich immer ruhiger geworden und selbstsicherer, sodass dieser Positiv-Schlaf immer geklappt hat. Das ist sehr wichtig, denn ich war ja der Leiter eines Teams. Und es kommt darauf an, dass man diese positive Stimmung auch verbreiten kann, also die anderen mit einbezieht.

Daher habe ich nachmittags eine Sitzung mit meinen Assistenten abgehalten, eine halbe bis eine Stunde. Bei Kaffee und Kuchen habe ich sie auf das Spiel vorbereitet, eigentlich dafür »geweckt«, im Sinne von: Jetzt geht's los, wir sind ein Team, lasst es uns gut machen. Ich verlasse mich auf euch, und ihr könnt ebenso auf mich zählen.

Anschließend sind wir dann zum Stadion. Ich habe nochmal geprüft, ob alles in Ordnung ist, und dann die Mannschaften begrüßt. Das ist sehr wichtig, aber auch nicht ganz einfach. Das muss man hundertprozentig richtig machen. Anderenfalls bleibt nicht nur der gewünschte positive Effekt aus, es kommt vielmehr sogar ein negativer zustande. Das Bild, das entsteht, muss absolut ausgeglichen sein. Es kommt schlecht an, wenn du mit dem einen Trainer sprichst, mit dem anderen aber nicht. Oder dem einen die Hand schüttelst, dem anderen auf die Schulter klopfst. Aber das ist gar nicht so einfach, die Trainer sind ja sehr unterschiedlich. Der eine will gerade nicht mit dir sprechen, weil er ein Problem zu lösen hat – der andere kommt heran und tut so, als würde man jeden Abend zusammen ein Bier trinken. Das darf natürlich nicht passieren, denn Ziel der ganzen Aktion ist ja, dass ein gutes Klima entsteht.

Es begeben sich nicht alle Schiedsrichter in die Kabinen, manche schicken auch an ihrer Stelle nur den vierten Mann.

Gehört zur Vorbereitung: die Stimmung der anderen erspüren

Ich habe es mir aber nie nehmen lassen, in die Garderobe zu gehen. Ich wollte immer selbst spüren, was sich abspielt, wie die Stimmung ist. Ich spüre nämlich sofort, ob eine Mannschaft chaotisch ist oder gut organisiert, ob die Spieler locker drauf sind oder angespannt. Das hat mir auch schon signalisiert, ob es Probleme geben würde oder nicht. Wenn es irgendwie ging, habe ich auch kurz mit dem Führungsspieler gesprochen, dem wichtigsten Spieler jeder Mannschaft. Das ist nicht immer unbedingt der Kapitän. Aber es gibt stets einen, der hat am meisten Einfluss, und es war immer sehr wichtig für mich, dass ich gefühlt habe, in welcher Verfassung der war. Die Kontaktaufnahme geschieht ganz beiläufig, aber doch gezielt. Es wäre schlecht gewesen, wenn ich in der Kabine auf Oliver Kahn zugegangen wäre und im Reden festgestellt hätte, dass Michael Ballack ganz woanders steht. Also habe ich immer darauf geachtet, dass sich die Situation vollkommen natürlich ergeben hat.

TOP 4
Nehmen Sie emotionalen Kontakt zu den Beteiligten auf.

Das Gespräch als solches war inhaltlich nicht besonders bedeutend, ein netter Smalltalk. Und auch hier habe ich immer versucht, etwas Positives zu sagen, meine Wertschätzung auszudrücken. Beispielsweise habe ich zu einem Torwart gesagt: »Im letzten Spiel gegen xy haben Sie ja eine tolle Parade gemacht, das war wirklich Weltklasse.« Oder ich habe zu einer Auszeichnung gratuliert oder Ähnliches. Es ging ja in erster Linie darum, auszudrücken: Ich interessiere mich für euch, ich kenne eure Leistungen, ich bin gut auf euch eingestimmt – und alle zusammen machen wir ein tolles Spiel, ich freue mich darauf. Das war im Wesentlichen meine Botschaft, und ich habe durchweg ausgezeichnete Erfahrungen damit gemacht. Für mich war es gut und für die anderen auch.

Gegenseitige Wertschätzung schafft Vertrauen

Natürlich kann man durch positive Gedanken nicht alle Spannungen abbauen. Es gibt auch Konstellationen, die lassen sich durch noch so gute Gedanken nicht entschärfen, sei es dass alte Rechnungen zu begleichen sind, sei es dass jemand auf der Kippe steht und für ihn deshalb ein enormer Leistungsdruck herrscht. Dennoch können Sie durch Ihre positive Ausstrahlung zur Entspannung solcher Situationen beitragen.

Die verschlungenen Wege der Intuition

Erfahrung und Vertrauen ermöglichen, sich gegen die eigene Intuition zu wenden – und das ist eine Entscheidung, die letztlich auch wieder auf Intuition beruht. Ich habe einen Assistenten gehabt (früher hat man Linienrichter gesagt), Laurent Rausis, dem ich eine meiner besten Spielentscheidungen verdanke. Und die habe ich zunächst gegen mein Gefühl, auf das ich mich sonst sehr verlasse, getroffen.

Bei der Weltmeisterschaft 1998 gab es das Spiel USA gegen Iran, wegen der politischen Lage natürlich eine extrem heikle Partie. Es war mein erstes Spiel bei einer Weltmeisterschaft überhaupt, ich war also durchaus in einer besonderen Situation. Man muss wissen, dass die Hauptaufgabe der Assistenten darin besteht, anzuzeigen, ob es Abseits war oder nicht. In andere Dinge sollten sie sich eigentlich nicht einmischen. Dieser Assistent und ich hatten schon oft zusammengearbeitet, ich hatte volles Vertrauen zu seiner Kompetenz und auch zu seinem Charakter.

Gleich in der ersten Halbzeit geschah etwas Außergewöhnliches: Das Spiel ging hin und her, man wusste noch nicht, wie die Spieler miteinander umgehen würden, ob sie besonders hart gegeneinander sein würden oder nicht. Es stand 0:0 und in der 18. Minute kam es zu einem Foulspiel vor meinem Assistenten. Laurent Rausis zeigte mir das an, ich war ein bisschen überrascht, weil es ja für mich ganz klar war. Doch dann, zack, machte er mir das Zeichen für die Gelbe Karte: Er klopfte sich auf die Brusttasche. Das hatte er vorher noch nie gemacht. Er wiederholte das Zeichen und klopfte sich noch einmal mit Nachdruck auf die Brust, sah mich dabei ganz intensiv und streng über die Entfernung hinweg an.

Ich war extrem irritiert und dachte: Was soll das, wieso gelb? Es war die erste Gelbe Karte in dem Spiel, und es ist immer ganz wichtig, dass die erste Gelbe Karte sitzt. Wenn die nicht hundertprozentig überzeugt gegeben wird, werden auch alle späteren Entscheidungen mit Debatten überzogen und es wird nichts mehr akzeptiert. Und Laurent Rausis steht da und will, dass ich Gelb zeige. Da habe ich gedacht: Na gut, wenn er so sicher ist, dann mache ich das.

Ich ging also hin und zog die Gelbe Karte. Gegen meine innerste Überzeugung habe ich die Gelbe Karte gezogen. Die Zuschauer haben mein Zögern auch deutlich gesehen. Die Karte kam nicht wie sonst mit Überzeugung und Entschiedenheit, sondern langsam und verhalten, mit leicht zweifelndem Gesichtsausdruck – an sich eine Todsünde im Spiel. Es war goldrichtig. Mit dieser Aktion hat Laurent Rausis mir das Spiel gerettet. Wenn ich das nicht getan hätte, wäre das Spiel wahrscheinlich ganz anders gelaufen. Aber so war klar, dass streng geurteilt wurde und ich nichts durchgehen ließ und die Grenzen respektiert werden mussten.

TOP 5
Wagen Sie es, anderen Menschen zu vertrauen.

Ich habe mir die Szene hinterher im Fernsehen angeschaut: Es war unzweifelhaft eine Aktion, die mit einer Gelben Karte bestraft werden musste. Aber von meiner Position war das nicht zu sehen, Foul ja, aber nicht unbedingt mit einer Gelben Karte zu ahnden. Normalerweise hätte ich nur gepfiffen und wahrscheinlich nicht mal eine Ermahnung erteilt. Aber Laurent hat gespürt: Jetzt muss die Gelbe Karte kommen. Wie gesagt, er hatte das nie zuvor gemacht. Und in diesem Moment war er präsent und hat mir das Zeichen gegeben. Deshalb hat es auch diese Wirkung gehabt. Hätte er vorher schon x-mal irgendwas gemacht, was nicht zu seinen Aufgaben gehörte oder hätte ich in vergangenen Spielen ab und zu den Eindruck gehabt, dass er sich gern mal in den Vordergrund spielt, dann hätte ich sicher nicht auf ihn gehört. Aber weil das alles nicht der Fall gewesen war, hatte ich einen deutlichen Eindruck davon, wie ernst er die Sache nahm.

Gewachsenes Vertrauen macht sicher

Ich habe nur gegen meine eigene Intuition entschieden, weil ich mich bisher immer auf ihn verlassen konnte. Und wie er da so stand und mir ein so überzeugendes Zeichen gegeben hat, da wusste ich: Der gehört zu meinem Team und er hilft mir, das Richtige zu tun. Das war natürlich letztlich auch wieder eine Gefühlsentscheidung. Eine, die richtig war und die ebenfalls intuitiv getroffene frühere Entscheidung korrigiert hat.

Frauen – das intuitive Geschlecht?

Ein heißblütig debattiertes und heikles Thema ist die Frage, ob Männer und Frauen sich in ihren intuitiven Fähigkeiten unterscheiden. Je nachdem mit wem man darüber spricht, bekommt man so oder so eine Abreibung. Betont man die intuitive Begabung von Frauen zu sehr, heißt es, man traue ihrem Intellekt nichts zu. Sagt man, dass sich Männer und Frauen in dieser Hinsicht nicht voneinander unterscheiden, dann hört man schnell den Vorwurf, dass man alles über einen Leisten schlage und die Frauen vermännliche, schließlich seien Einfühlungsvermögen und Intuition von alters her die Domäne der Frauen.

Die Wissenschaft hilft einem auch nicht besonders weiter, denn sie kommt zu unterschiedlichen Ergebnissen. Es gibt viele Studien, die belegen, dass die Frauen den besseren Instinkt haben, und es gibt viele, die das nicht feststellen können. Der Psychologe Gerd Gigerenzer etwa meint, dass die Unterschiede nicht so groß sind, wie oft behauptet wird. Seiner Ansicht nach sind die Gemeinsamkeiten auf jeden Fall viel größer als Unterschiede. Er bezieht

Mehr Gemeinsamkeiten als Unterschiede zwischen Frauen und Männern

sich unter anderem auf eine Studie, bei der 15 000 Männern und Frauen verschiedene Fotos vorgelegt wurden. Eins zeigte ein Gesicht mit spontanem Lächeln, eins trug nur ein vorgetäuschtes Lächeln. Die Teilnehmer sollten nun identifizieren, welches echt war und welches nicht. Man sollte meinen, dass die Frauen um Klassen besser abgeschnitten hätten, das stimmt aber nicht. 71 Prozent von ihnen lagen richtig, bei den Männern waren es sogar 72 Prozent.

Aber: Andere Studien belegen eindeutig, dass Frauen besser zwischenmenschliche Signale erkennen und das Verhalten anderer genauer interpretieren. So waren Frauen deutlich treffsicherer, wenn es darum ging zu erkennen, ob ein Paar durch eine echte Liebesbeziehung verbunden ist oder nicht. Man sagt, dass diese ausgeprägte Fähigkeit von Frauen, nonverbale Zeichen zu erkennen, mit ihrer Erziehung zusammenhängt und auch mit ihrer entwicklungsgeschichtlichen Aufgabe in der Familie. Sie berücksichtigen demnach immer mehrere Aspekte und Einflüsse (soziale Beziehungen), Männer hingegen konzentrierten sich auf eine Sache (sachliche Aufgaben).

Weibliche Spezialität: die Wahrnehmung zwischenmenschlicher Signale

TOP 6
Wenn Sie ein Mann sind:
Versuchen Sie, ganzheitlicher zu denken.

Interessant: Bei der Geldanlage beispielsweise kommt das den Frauen offenbar zugute. Sie lassen sich häufig ausführlicher beraten, beziehen mehrere Faktoren ein und versuchen von Anfang an, Verluste zu vermeiden. Die Männer hingegen sind leistungsorientierter und stellen daher den zu erwartenden Gewinn in den Vordergrund. Sie »zocken« mehr als Frauen. Außerdem sind sie überzeugt von ihrem überlegenen Kenntnisstand in Börsenangelegenheiten – heißt, sie informieren sich nicht genug, sind aber selbstsicher und entscheiden, was das Zeug hält: Sie springen von einem Investment zum anderen. Nach der alten Börsenweisheit »Viel Hin und Her macht Taschen leer« ist das ziemlich ungeschickt. Die Einzigen, die daran verdienen, sind die Banken. Frauen hingegen gehen nicht nur überlegter, also rationaler! vor, sie bleiben auch länger dabei. Ihr Gesamtergebnis ist daher in der Regel um einiges besser. Übrigens: Die Selbstkritik der Männer ist im Vergleich zu der der Frauen ziemlich schwach. Ihre Misserfolge schieben sie eher den Beratern in die Schuhe, als sie bei sich selbst zu suchen.

Männerdomäne: der Tunnelblick

Also, Männer und Frauen sind ein schwieriges Feld, das weiß man ja auch aus anderen Bereichen. Aus meiner persönlichen Erfahrung heraus bin ich schon der Überzeugung, dass Frauen anders entscheiden als Männer. Weil sie ganzheitlicher bei ihren Entscheidungen denken. Die Männer richten oft ihren Fokus auf etwas Bestimmtes, sie entwickeln einen gewissen Tunnelblick.

Das hat Vor- und Nachteile. Zum einen können sie besser das Unwesentliche beiseite lassen und sich auf den Kern der Sache konzentrieren. Sie lassen sich von den Seitenaspekten nicht behindern. Dafür sehen sie aber auch weniger, manchmal kann ja gerade eine Nebensache sehr wichtig sein. Frauen hingegen sehen da mehr, sie beziehen mehr Faktoren ein. Dafür verlieren sie vielleicht manchmal den Faden, und sie brauchen oft länger für ihre Entscheidungen. Letzteres scheint bei der Geldanlage ja prinzipiell günstig zu sein, aber in anderen Bereichen ist das oft hinderlich. Gerade in den oberen Führungsetagen erwartet man schnelle Entscheidungen.

TOP 7
Wenn Sie eine Frau sind: Versuchen Sie, fokussierter zu handeln.

Dass Frauen einander manchmal nichts zutrauen, habe ich selbst schon erlebt. Nicole Petignat ist eine der wenigen Schiedsrichterinnen im Schweizer Spitzenfußball. Als sie nominiert wurde, das Pokalfinale zu leiten, hat es einen Riesenaufschrei gegeben – und zwar von den Frauen. Die Mails, die der Verband bekommen hat, waren fast ausschließlich von Frauen, immer mit dem Tenor: Wie kann man nur eine Frau dieses wichtige Spiel pfeifen lassen.

Ich selbst war mal auf der Tribüne, als Nicole Petignat ein Spiel leitete, und eine Frau neben mir hat ihr zugerufen: »Frau, geh nicht auf das Fußballfeld, Frauen gehören nicht ins Stadion.« Da habe ich sie so angeschaut und gesagt: »Stimmt.« Ich habe den Eindruck, dass die Frauen manchmal vergessen, dass sie selbst Frauen sind.

Die Vorbehalte dieser Spitzenschiedsrichterin gegenüber waren objektiv auch völlig haltlos. Sie verfügt auf jeden Fall

Hartnäckige Vorurteile von Frauen gegen Frauen

über alles, was ein guter »Spitzenschiedsrichter« aufweisen sollte. Sie hat Fußballverständnis, Menschenverständnis, Durchsetzungsvermögen und Entscheidungsfreude, sie hat keine Angst und ist mutig genug, einfach sie selbst zu sein: Das sind all diese Eigenschaften, die auch ein Mann haben muss, um erfolgreich zu sein. Auf dem Fußballfeld oder im Unternehmen.

Bei ihr kam aber noch dazu, dass sie eine unglaublich gute Sensorik für das hat, was um sie herum passiert. Für das große Ganze. Sie sieht Dinge, die andere nicht sähen, wenn sie an derselben Stelle auf dem Feld stehen würden. Sie kann an einem bestimmten Punkt stehen und sieht, was hinter ihrem Rücken passiert. Man hat wirklich das Gefühl, sie sieht es. Und ein Mann sieht es nicht. Er richtet seinen Fokus nach vorne, wie gesagt: der Tunnelblick.

Frauendomäne: die Kommunikation

Über eine weitere bedeutende Fähigkeit verfügt sie außerdem: das Kommunikative. Ich glaube, das ist für einen Schiedsrichter das Wichtigste. Sein Ziel besteht ja auch im Schutz der Spieler, man schützt sie vor dem Gegner und in gewisser Weise auch vor sich selbst. Meiner Überzeugung nach ist es essenziell, dass alle das auch spüren. Auch im Unternehmen gehört es zu den Grundlagen, dass die Mitarbeiter spüren: Der Chef ist für uns da. In der Familie verhält es sich genauso. Und es kommt zu einem zurück. Wenn die Spieler auf dem Fußballplatz spüren, dass der Schiedsrichter für sie da ist, dann spielen sie auch fairer, dann helfen sie ihm vielleicht sogar, seine Aufgabe gut zu erfüllen.

Vor allem weibliche Fähigkeit: Zuneigung

Frauen können sicher sehr gut klarmachen, dass sie dem anderen zugeneigt sind, dass sie sein Wohl im Auge haben. Man könnte sagen, dass sie fürsorglich sind, was ich auf keinen Fall als negativ verstehe oder irgendwie altmodisch. Für mich drückt der Begriff eher eine höhere Form von Achtsamkeit aus. Mit diesem Feingefühl erkennen Frauen sehr schnell, was in der Kommunikation zwischen den Spielern geschieht. Männer kriegen da einfach nicht so viel mit. Wenn zwei Spieler miteinander sprechen, sagen sich die Männer eher: Keine Ahnung, was da abläuft. Frauen spüren, ob es Zuspruch ist oder sich gerade eine Krise entwickelt. Sie erkennen deshalb schon im Ansatz eine sich anbahnende Reaktion.

Ich merke auch in meinen Vorträgen, dass es bei Frauen sehr gut ankommt, wenn ich auf das Bauchgefühl zu sprechen komme. Männer sind manchmal ein bisschen peinlich berührt, dass es so etwas überhaupt geben soll und auch sie darüber verfügen. Die Frauen halten das für eine ganz natürliche Sache und begrüßen es, wenn ein Mann darüber referiert, dass sein Bauchgefühl ihn zu einem erfolgreichen Entscheider gemacht hat.

TOP 8
Machen Sie sich die Grenzen der Intuition bewusst.

Nach diesem überzeugten Plädoyer, seinen Gefühlen zu trauen und ihrem Rat zu folgen, möchte ich aber doch davor warnen, jede Entscheidung nur nach dem Gefühl zu treffen. Es zeigt deutliche Schwächen 1. bei der Beurteilung in Verbindung mit bestimmten Vorinformationen, 2. bei moralischen Entscheidungen und 3. bei der Selbsterkenntnis.

Es empfiehlt sich, nicht bedingungslos auf die Intuition zu hören, wenn es im Kern um fachliche Qualifikationen oder Kriterien geht, zum Beispiel bei Bewerbungs- bzw. Einstellungsgesprächen. Stellen Sie sich vor, Sie sind der Personalchef. Der Kandidat kommt rein, es gibt das übliche Vorgeplänkel mit Händedruck, Hinsetzen, Erkundigung nach der Anreise, Dank für die Einladung etc. Dann kommen Sie zum Kern und stellen die ersten Fragen nach den beruflichen Stationen des Bewerbers und seinen fachlichen Erfahrungen. Doch das kann ein schon überflüssiges Abspielen von Standards sein, denn wahrscheinlich haben Sie bereits eine unbewusste Einschätzung gefällt.

Sie mögen den Bewerber oder Sie mögen ihn nicht. Der Händedruck war Ihnen zu fest oder zu lasch, die Person schwitzte ein bisschen, war zu forsch oder zu still. Also neigen Sie zu der Annahme, der Kandidat könnte sich als zu wenig dynamisch erweisen oder durch seinen Ehrgeiz die fein austarierte Führungsstruktur des Hauses ins Wanken bringen. Nur: Der Händedruck sagt nichts darüber aus, ob der Mann die Aufgabe, für die Sie ihn benötigen, gut oder schlecht löst. Instinktiv werden Sie wahrscheinlich Fragen stellen, die nicht objektiv seine Qualifikation abklopfen, sondern die Bestätigung Ihrer Vermutung bringen, er sei zu schwach oder zu offensiv.

Umgekehrt redet man sich auch Lücken in der beruflichen Erfahrung oder beim Wissensstand schön, wenn einem der Bewerber überaus sympathisch ist und man ihn gern ins Haus holen würde.

Objektive Kriterien gegen gefühlte Urteile einsetzen

Nun lassen sich Sympathien oder Antipathien aus solchen Gesprächen nicht komplett heraushalten. Es ist auch ungünstig, in jedem Fall bestimmte Regungen zu ignorieren. Wenn man beispielsweise eine starke körperliche Aversion gegen jemanden empfindet, wird die kaum verschwinden und es wird schwer, auf Dauer mit dieser Person zum Beispiel in einem Raum zu sitzen.

TOP 9
Vergleichen Sie die objektiven Anforderungen mit Ihren intuitiven Reaktionen.

Dennoch ist es meiner Erfahrung nach sehr wichtig, sich vor Entscheidungen dieser Art, vor allem wenn sie über andere Menschen gefällt werden, die Kriterien noch einmal deutlich vor Augen zu führen: Worum geht es genau? Welche Fähigkeiten sind vorrangig? Worauf lässt sich verzichten? Das hilft, Ungerechtigkeiten und Eigentore zu vermeiden. Denn was nützt es Ihnen, wenn Sie zwar Ihr Gefühl befriedigt haben, Ihnen dafür aber weiterhin der dringend benötigte Spezialist fehlt?

Es ist eine Frage der politischen – oder unternehmerischen, familiären usw. – Verantwortung, wie sehr Sie sich in Entscheidungsfragen von Ihrem Instinkt leiten lassen. Das gilt natürlich auch für moralische und Beziehungsentscheidungen. Oft ist es so, dass man sein Gefühl als Ausrede benutzt. Weil es eine ganz bequeme Sache ist. Schließlich kann man für seine Gefühle nichts, das muss der andere einfach akzeptieren. Man kann sie auch nicht erklären, man kann eigentlich nur die Entscheidung aufgrund seiner Gefühle servieren. Und der Partner muss sie schlucken.

TOP 10
Benutzen Sie Ihr Gefühl nicht als Ausrede für persönliches Versagen.

Ich habe auf diesem Gebiet selbst einige Fehler gemacht, erst spät ist mir so richtig klar geworden, wie schwierig es für die anderen war, mich zu verstehen. Es gibt hierfür noch weniger als sonst eine Formel, nach der man sich richten könnte. Natürlich muss man seinem Herzen folgen, aber einfach zu gehen, »wohin es einen trägt«, ist auch keine Patentlösung. Es geht ja schließlich nicht nur um einen selbst, sondern auch um Freunde, Familie, ganze Gruppen von Menschen, mit denen man in einer bestimmten Verbindung steht. Und das alles bringt man ins Wanken, wenn man aussteigt.

Aber: Beziehungen sind nun mal eine Sache des Gefühls, deshalb kommt ihm die letzte Entscheidung zu. Es lässt sich nicht verhindern, dass man Menschen verletzt. Es lässt sich aber dafür sorgen, dass man den Schmerz nicht leichtfertig verursacht. Und das ist eben auch eine Frage des Gefühls.

Verantwortlich handeln, auch in Gefühlsangelegenheiten

Der blinde Fleck

Die Selbsterkenntnis wäre in solchen Fällen eine große Hilfe. Doch die Intuition ist offenbar in erster Linie ein Instrument der Selbstvergewisserung, nicht der Selbstkritik, die ja notwendiger Bestandteil der Erkenntnis ist. Ein Bekannter hat mir eine Geschichte erzählt, die er in der Zeitschrift *brand eins* gelesen hat und die ich hier in voller Länge wiedergebe. »Als ich zum ersten Mal im Wartezimmer meines neuen Zahnarztes saß, sah ich auf einer Urkunde an der Wand seinen vollständigen Namen. Ich erinnerte mich, dass ein schlanker, fleißiger Junge gleichen Namens vor gut 30 Jahren in meiner Klasse war. Doch als ich den Arzt sah, verwarf ich den Gedanken. Dieser glatzköpfige, weißbärtige Mann mit den tiefen Falten war viel zu alt, um in meiner Klasse gewesen zu sein. Nachdem er meine Zähne untersucht hatte, fragte ich ihn trotzdem, ob er das örtliche Gymnasium besucht hätte. ›Ja‹, antwortete er. ›Wann haben Sie Abi gemacht?‹ ›1972, warum?‹ ›Sie waren in meiner Klasse‹, antwortete ich. Er betrachtete mich aufmerksam und fragte dann: ›Was haben Sie unterrichtet?‹«

Schön, oder? Und vor allem so überzeugend. Genau das könnte jedem von uns passieren. Die Selbstwahrnehmung ist gering ausgeprägt, möglicherweise als Selbstschutz. Wenn wir uns genau so sähen wie die anderen, würden wir uns wahrscheinlich dauernd Gedanken machen und zu nichts anderem mehr kommen. Gerade solche Aspekte wie das Älterwerden, das nicht von uns zu beeinflussen ist, gehen mit einer Vermeidungsstrategie einher. Wer will sich schon gern der Erkenntnis stellen, dass er älter, dicker, hässlicher wird? Sie wäre ja nur nützlich, wenn man etwas dagegen unternehmen könnte. Das geht aber nicht, jedenfalls nicht prinzipiell. Man kann versuchen, manche Auswirkungen in Schach zu halten, Diät anwenden, mit dem Rauchen aufhören und so die Faltenbildung reduzieren – aber letztlich gibt es kein Mittel gegen das Alter und seine allgemeinen Be-

Die Intuition versagt bei der Selbsterkenntnis

gleiterscheinungen. Also bedarf es solcher Erlebnisse wie des oben geschilderten, damit einem klar wird, wo man wirklich steht. Die Intuition hilft uns da überhaupt nicht – ganz egal, ob es sich ums Altern oder etwas anderes handelt, das unseren Kern betrifft.

Aber zum Glück sind wir ja nicht ausschließlich auf das Bauchgefühl angewiesen. Es nützt uns im Dschungel der Ereignisse, die täglich unsere Entscheidungen erfordern. Es hält uns in mancher unübersichtlichen Situation über Wasser, es lässt uns oft das Richtige tun und das Falsche meiden. Und wenn wir unser Bauchgefühl richtig füttern, zum Beispiel mithilfe unseres Verstands, dann kommt man schon ziemlich weit.

Die Top Ten der Intuition auf einen Blick

TOP 1 Setzen Sie Ihre Intuition bewusst als Werkzeug ein.

TOP 2 Akzeptieren Sie, dass Ihre Intuition ein anderes Urteil fällt, als die Fakten nahelegen.

TOP 3 Stellen Sie vor wichtigen Entscheidungen eine positive Gefühlslage her.

TOP 4 Nehmen Sie emotionalen Kontakt zu den Beteiligten auf.

TOP 5 Wagen Sie es, anderen Menschen zu vertrauen.

TOP 6 Wenn Sie ein Mann sind:
Versuchen Sie, ganzheitlicher zu denken.

TOP 7 Wenn Sie eine Frau sind:
Versuchen Sie, fokussierter zu handeln.

TOP 8 Machen Sie sich die Grenzen der Intuition bewusst.

TOP 9 Vergleichen Sie die objektiven Anforderungen mit Ihren intuitiven Reaktionen.

TOP 10 Benutzen Sie Ihr Gefühl nicht als Ausrede für persönliches Versagen.

Kapitel 2

DER VERSTAND

Wie Sie sich Ziele setzen und sie auch erreichen können

» Nachdem wir das Ziel endgültig aus den Augen verloren hatten, verdoppelten wir unsere Anstrengungen.«

Mark Twain

Die Intuition ist schnell, das ist ihr Vorteil. Der Verstand ist langsam, das ist sein Vorteil. Was auf den ersten Blick als absolut unpassendes Paar erscheint, ist in Wahrheit eine ausgesprochen günstige Kombination. Denn auch wenn der Instinkt unser Überleben sichert: Unfehlbar ist er beileibe nicht. Die Intuition und auch der Instinkt machen Fehler, sind manchmal etwas übereifrig und auch dann aktiv, wenn sie gar nicht gefragt sind. Wir haben es im letzten Kapitel schon am Beispiel des Einstellungsgesprächs gesehen. Die körperlichen Eindrücke sind stärker als die fachlichen, gefordert ist aber ein Experte und nicht jemand mit einer bestimmten Haarfarbe oder einem Deutsch ohne Dialekteinfärbung. Der Verstand eröffnet uns die Möglichkeit, etwas anderes zu erreichen, als unser Gefühl vorgibt.

Lassen Sie sich diesen Satz bitte auf der Zunge zergehen. Die Aufgabe besteht nämlich nicht darin, lediglich ein bisschen schlau zu sein, sondern sich bewusst zu machen, welcher unserer Ratgeber bei einer Entscheidungsfindung gerade am Zuge ist. Bei den meisten Einkaufsentscheidungen beispielsweise sagt uns die Intuition: Nimm dieses. Das ist das Geheimnis der Markenpflege. Wir sehen ein Produkt mit einem bestimmten Schriftzug und haben sofort das wohlige Gefühl von großer Vertrautheit, guter Erfahrung, verlässlicher Qualität. Nichts erscheint natürlicher, als nach diesen speziellen Joggingschuhen oder jenem T-Shirt zu greifen und zur Kasse zu gehen. Klüger wäre es jedoch, zu überlegen: Brauche ich überhaupt neue Schuhe? Ist es wirklich die Qualität, die bei meiner Beurteilung im Vordergrund steht, oder fliege ich in Wahrheit auf das Image der Marke? Habe ich genügend Platz in meinem Schrank dafür? Wenn ja, wieso sollen es diese und keine anderen sein? Steht der Preis in Relation zur Ware und vor allem zu meinem Portemonnaie?

Ganze Wirtschaftszweige wie zum Beispiel die Werbung befassen sich mit der Entwicklung von Strategien, die verhindern, dass solche rationalen Erwägungen die schöne Markenstimmung kaputtmachen. Neuromarketing nennt man das. Dazu gehören neben den klassischen Werbestrategien auch so genannte Emotionsverstärker, die die Entscheidung »erleichtern« bzw. sie undurchschaubar machen sollen. Der Innenraum neuer Autos kann zum Beispiel mit Lederduft besprüht werden, damit der noch unschlüssige Käufer die »Qualität und Vornehmheit« dieses Modells auch mit der Nase wahrnimmt, obwohl die Sitze nur mit Alcantara bezogen sind.

Wenn man weiß, dass man nur zu gern auf solche nicht vernünftigen Aspekte reagiert, kann man mit einer gewissen Aussicht auf Erfolg dafür kämpfen, seinen Verstand zum Einsatz zu bringen. Rationale Kriterien wie Kaufpreis, Benzinverbrauch, Versicherungskosten und Ähnliches sind

Nutzt Emotionen: Neuromarketing

hilfreich, wenn es gilt, dem Ledergeruch zu widerstehen. Aber natürlich gibt es eine Vielzahl von Entscheidungssituationen, da liegen die Tatsachen nicht so klar in Form von Zahlen auf dem Tisch, sondern die Sache ist offener, weniger streng definiert. Das können lebensverändernde Momente sein wie die Entscheidung für einen neuen Job, eine zusätzliche Ausbildung oder einen anderen Partner. Die vielen unklaren oder unbekannten Faktoren verursachen Unsicherheit, Zögern und Angst – wahrlich schlechte Voraussetzungen für gute Entscheidungen.

Es gibt zahlreiche Strategien, die zu guten Entscheidungen führen sollen. Einige davon werden wir uns später noch genauer ansehen. Zuvor möchte ich jedoch auf eine meiner Ansicht nach essenzielle Voraussetzung guter Entscheidungen zu sprechen kommen. Ich meine, man sollte sich vordringlich nicht mit dem Beginn des Prozesses beschäftigen, sondern mit seinem Ende. Denn das Geheimnis guter Entscheidungen liegt darin, das Ziel zu kennen.

Wege und Ziele und was sie unterscheidet

In der asiatischen Philosophie und in manchen Religionen heißt es: »Der Weg ist das Ziel.« In den letzten Jahrzehnten hat sich dieses Motto auch bei uns ziemlich verbreitet und ist in alle Bereiche übernommen worden. Ob es um eine Diät geht oder um ein Studium – man hört bei vielen Gelegenheiten diesen Spruch. Sicher kann man dem auch einiges abgewinnen.

Ich will niemandem zu nahe treten, aber meiner Ansicht nach ist diese Vorstellung ein Hindernis auf dem Weg zur

Entscheidung und oft auch nur eine Ausrede dafür, dass man gar nichts entscheidet, sondern sich und die Dinge treiben lässt. Ich will gern zugestehen, dass es manchmal nicht so einfach ist, sich ein Ziel zu stecken, und gelegentlich setzt man auch aufs falsche Pferd. Doch was macht das schon? Man kann seine Ziele ja auch verändern, sie neuen Lebensumständen anpassen, sie sogar über Bord werfen. Nur eins kann man meiner Ansicht nach nicht: ohne Ziel etwas erreichen oder entscheiden. Das Ziel ist der Motor für Bewegung, und die wiederum bringt einen an den Ort, zu dem man wollte, oder sogar noch ein gutes Stück weiter.

Der Nationaltrainer der Schweizer Eishockey-Mannschaft Ralph Krueger hat mir einmal seine Lebensphilosophie erklärt: »Visionen ohne Taten sind Träume. Taten ohne Visionen sind verlorene Zeit. Mit Visionen und Taten kann man die Welt verändern.« Selbst wenn man darauf verzichtet, die Welt aus den Angeln zu heben, und seine Pläne nicht ganz so hoch aufhängt: Das eigene Leben kann und sollte man über das Setzen der richtigen Ziele gestalten. Und die sollten nicht zu zaghaft gewählt werden.

TOP 1
Definieren Sie ehrgeizige Ziele.

Wohin wollen Sie? Nach oben, nach vorn oder nur so ein bisschen weiter kommen? Ich meine Sie, Sie sollten sich den Gipfel des Mount Everest als Ziel vornehmen. Das ist aber schwierig, werden Sie vielleicht einwenden. Oder auch fragen: Was soll ich da? Ich sage: Es ist schwierig, aber möglich, und der Aufstieg auf den Gipfel wird mehr aus Ihnen herausholen, als Sie je für möglich gehalten haben. Deshalb sollen Sie nach oben.

Ein gutes Ziel ist nicht nahe liegend, dann ist es nämlich keins. Ein gutes Ziel muss weiträumig definiert werden, auch wenn man bei den anderen Kopfschütteln hervorruft oder einen manche sogar als größenwahnsinnig bezeichnen. Ich bin mit dieser Strategie jedoch immer bestens gefahren. Bei der Aufnahme in die Schiedsrichterausbildung habe ich im Fragebogen bei der Rubrik »Ziele« eingetragen: »Ich will bei der Weltmeisterschaft 1998 dabei sein, und zwar als Schiedsrichter.« Bitte stellen Sie sich das einmal richtig vor. Ich war gerade 18 Jahre alt, es war 1977 und die Weltmeisterschaft war noch 21 Jahre weit weg. Außerdem nehmen an so einer WM nur rund 20 Schiedsrichter teil, die nach einem bestimmten Länderschlüssel aus einer großen Gruppe von in Frage kommenden Schiedsrichtern ausgesucht werden. Also, meine Zielformulierung war schon einigermaßen kühn, aber ich war mir ganz sicher: Das will ich und nichts anderes. Natürlich haben meine Kollegen gedacht (und manche haben es auch gesagt), der Meier spinnt ja.

Mein Motiv jedoch war immer ganz klar: Ich wollte eines Tages in einem großen Stadion stehen und ein wichtiges Spiel leiten. Ich höre schon die (Hobby-)Psychologen: Aha, er wollte die Aufmerksamkeit und Anerkennung von vielen Menschen gewinnen. Natürlich, das hat auch eine Rolle gespielt, und zwar keine geringe. Nur: Was wäre daran schlecht? Man will eine solche Anerkennung ja nicht einfach so, sondern für etwas, das man gibt. In meinem Fall eben für eine gute Schiedsrichterleistung. Deshalb habe ich in dem

Wer sich viel vornimmt, erreicht mehr

Fragebogen nicht geschrieben, dass ich Assistent werden möchte, sondern Schiedsrichter. Und nicht für irgendwelche Dorfturniere, sondern für Weltklassespiele, eben ganz nach oben.

Das war mir immer klar und stand nie zur Debatte: Ich wollte nicht Assistent sein. Ich habe natürlich auch als Assistent gearbeitet, das jedoch nur als eine Übergangsphase aufgefasst, auch als eine Periode des Lernens. Es war mir bewusst, dass es mich auch als Schiedsrichter weiter bringen würde, wenn ich die Arbeit der Assistenten kennengelernt hätte. Es ist nützlich, wenn ich weiß, wie sie arbeiten, denn als Schiedsrichter bilde ich ja mit ihnen ein Kompetenzteam. Und wenn ich ihre Lage aus eigenem Erleben kenne, kann ich sie auch besser einschätzen. Welchen Schwierigkeiten sehen sie sich gegenüber, welche Anforderungen müssen sie erfüllen? Wenn man diesen Job nicht kennt, hat man außerdem keinen Respekt vor ihrer Arbeit an der Linie. Erst wenn man selbst einmal erlebt hat, unter welchem Druck sie stehen und mit welchen Hindernissen sie kämpfen, wie sehr sie sich konzentrieren müssen, dann schätzt man ihren Einsatz richtig ein.

Wie gesagt, ich habe aber meine Assistentenzeit immer nur als Zwischenstück gesehen. Schlussendlich war meine Ansicht: Der Chef steht auf dem Platz, in der Mitte, und nicht an der Linie, am Rand. Ich wollte der Mann der Mitte sein. Dieses Ziel vor Augen, hat sich mein Weg dorthin auf gewisse Art beinahe von selbst ergeben. Natürlich ist es mir nicht in den Schoß gefallen und ich musste hart arbeiten. Denn die Voraussetzungen waren unmissverständlich definiert: Ich muss das theoretische Grundlagenwissen beherrschen, ich muss genügend Erfahrung sammeln, zunächst auf dem nationalen Feld, dann auf dem internationalen, und ich muss körperlich und mental ausgesprochen fit sein.

Sie sehen, was ich meine: Der Weg wäre niemals das Ziel gewesen. Er war vielmehr die notwendige Bedingung dafür, dass ich von A nach B kam. Also von meiner Position als Anfänger zur Stufe des Profischiedsrichters, der ein Weltmeisterschaftsspiel leitet. Das Ziel hat den Weg strukturiert, es hat die Etappen auf quasi natürliche Weise vorgegeben.

Sie mögen vielleicht einwenden, dass solche hochgesteckten Ziele enormen Druck verursachen und Versagensängste schüren. Das kann natürlich sein, hängt aber von der Sichtweise ab. Ich sehe es so: Ein ehrgeiziges Ziel engt nicht ein, sondern eröffnet im Gegenteil große Freiräume. Ich habe damit noch nie schlechte Erfahrungen gemacht (selbst wenn ich nicht alles genau so erreicht habe, wie ich es ursprünglich wünschte). Anstelle von Einschränkungen habe ich immer erlebt, dass dieses Verfahren sogar noch zusätzliche Ergebnisse zeitigt, die man selbst gar nie erwartet hätte. Bei mir haben sich beispielsweise aus der Schiedsrichterei die Vortragstätigkeit und die Kommentierung der Spiele der Weltmeisterschaft 2006 im ZDF entwickelt. Daran habe ich 1977, als ich meinen Weltmeisterschaftsplan in den Fragebogen schrieb, natürlich nicht im Traum gedacht. Dieses Beispiel verdeutlicht aber, dass das Setzen von Zielen starke Kräfte mobilisiert, die wiederum neue Erlebnisse und Erkenntnisse verschaffen.

Noch ein Beispiel für ehrgeizige Zielsetzung, die bei der Umwelt Hohn und Spott hervorruft: Denken Sie an Hubert Burda, den Zeitungsverleger. Er ist der dritte Sohn eines sehr

Große Ziele bringen Sie weiter als kleine

erfolgreichen Elternpaars, hat sich zunächst gar nicht mit der Verlegerei beschäftigt, sondern Kunstgeschichte studiert. Nachdem er Verantwortung im Unternehmen übernommen hatte, gelang ihm manches, einiges ging total daneben. Anfang der 1990er-Jahre hatte er dann die Idee, eine Konkurrenz zum *Spiegel* aufzubauen. Sie können sich vielleicht vorstellen oder noch daran erinnern, welchen Aufruhr dieser Plan verursachte. Er bekam Briefe, Anrufe und persönliche Ratschläge von allen Seiten und die überwiegende Mehrheit lautete: Lassen Sie das bloß sein, das ist der reine Wahnsinn und kann gar nicht gelingen. Der *Spiegel* ist eine uneinnehmbare Bastion und das Haus Burda wird es schon gar nicht schaffen, dazu eine Konkurrenz zu etablieren. Ich weiß nicht, ob Hubert Burda Zweifel hatte, aber jedenfalls setzte er alles auf eine Karte und brachte das Nachrichtenmagazin *Focus* auf den Markt. Sein Risiko war enorm: Wenn es schiefgegangen wäre, hätte er nicht nur eine Niederlage einstecken müssen, sondern wäre ruiniert gewesen.

Das Ergebnis ist bekannt: Heute ist der *Focus* neben dem *Spiegel* und dem *stern* das dritte große deutsche Magazin. Wäre Burda nach rationalen Kriterien und streng nach Wahrscheinlichkeit, kalkulierbaren Erfolgsaussichten usw. gegangen, hätte er diesen Schritt nicht gewagt. Aber er hatte eben ein großes Ziel, eine Vision. Und es hat geklappt.

Was passiert, wenn es keine klar definierten Ziele gibt, lässt sich in vielen Firmen – oder auch in der großen Politik – studieren, und zwar am Umgang mit den Finanzen. Warum? Weil eine Folge von Ziellosigkeit darin besteht, dass die Budgets bzw. Haushaltsplanungen aus dem Ruder laufen. Wenn nicht deutlich und für alle verbindlich definiert wurde,

Ohne Ziele kein Ergebnis

wohin die Reise eigentlich gehen soll, dann öffnet das den Begehrlichkeiten aller Art Tür und Tor. Der Werbeleiter meint, man müsse doch ein bisschen mehr für die Präsenz in den elektronischen Medien tun, der Vertriebsverantwortliche glaubt, mit größerem Entgegenkommen bei den Konditionen könne man die Anteile in schwierigen Märkten erhöhen, und die PR-Frau ist überzeugt, dass großzügiges Sponsoring mehr Türen öffne als bisher. Alles prinzipiell richtig, nur: Was kann man diesen Vorschlägen entgegensetzen, wenn ihre Tauglichkeit nicht mit den Zielen abgeglichen werden kann? Nichts.

Zusammengefasst: Ziele sind nicht nur absolut notwendig, um etwas zu erreichen. Sie sind auch – im Großen wie im Kleinen – unentbehrlich, um Verzettelung und Irrwege zu vermeiden.

TOP 2
Verknüpfen Sie Erfolg nicht mit Triumph, sondern mit Freude.

Meiner Ansicht nach hängt die Bereitschaft, sich selbst Ziele zu setzen, unmittelbar mit der Freude am Erfolg zusammen. Diese Freude ist essenziell, um sich seiner selbst und seiner Leistungen zu vergewissern. Solche Freude zu spüren, sie zu genießen, dieses Gefühl erfahren zu haben – das versetzt einen prinzipiell erst in die Lage, sich einer Sache zu widmen, sie zu verfolgen und auch neue Dinge in Angriff zu nehmen. Dabei spielt es keine Rolle, ob es sich um etwas Kleines oder etwas Großes handelt.

Ich habe den Eindruck, dass es vielen Menschen schwerfällt, sich an dem, was sie erreicht haben, zu freuen. Vielleicht liegt es an einer gewissen Übersättigung, die das moderne Leben mit sich bringt, möglicherweise sind die Deutschen (und die Schweizer) tatsächlich etwas minderbegabt, was die Freudeempfindung angeht. Aber wahrscheinlich ist diese Fähigkeit nur irgendwo verschüttet worden. Deshalb lautet mein erster Rat an alle, die mehr über das Entscheiden lernen wollen: Nehmen Sie sich etwas vor, was Sie erreichen wollen, und freuen Sie sich daran, wenn Sie es geschafft haben! Es kommt dabei nicht unmittelbar darauf an, dass Sie sich mit anderen vergleichen, dass Sie der Beste, Schnellste oder Erfolgreichste sind. Es zählt vielmehr, dass Sie etwas erreichen, was Sie eine gewisse Mühe gekostet hat, Ihnen nicht in den Schoß gefallen ist. Machen Sie sich dann bewusst, dass Sie einen riesigen Schritt weitergekommen sind – und feiern Sie diesen Erfolg.

Ich war intuitiv schon immer vom Nutzen dieser Strategie überzeugt, aber bewusst habe ich erst relativ spät erkannt, dass mich die Arbeit für so ein Ziel mit Freude erfüllt, dass dieses gute Gefühl beim Erfolg für mich ein Kraftspender ist. Ich bin vor ein paar Jahren einen speziellen Marathon mitgelaufen, nämlich in den Schweizer Alpen auf die Jungfrau. Von den 42 Kilometern geht es 16 Kilometer bergauf. Ich habe mich dazu überreden lassen und wusste gar nicht so genau, was da auf mich zukommen würde. Ursprünglich hatte ich mir vorgenommen, es ganz locker anzugehen: Wenn's klappt, ist es gut; wenn's nicht klappt, auch. Meine Freunde und Bekannten haben mich ausreichend und hingebungsvoll gewarnt: Das schaffst du nicht. Du bekommst

Gute Gefühle geben Kraft

eine Krise, spätestens nach der dritten Steigung. Geh es nicht zu schnell an, denk an die Höhe und so weiter und so fort. Das hat meinen Ehrgeiz angestachelt, und ich nahm mir vor: Egal, was passiert, ich halte durch. Ich bin dann einfach losgelaufen und immer weiter gerannt und gerannt. Ich habe auf die angekündigte Krise gewartet, doch sie kam nicht. Im Gegenteil habe ich schnell gemerkt, dass es eine ganz wunderbare Erfahrung ist, in dieser Landschaft zu laufen, und ich habe die Anstrengung gespürt und genossen.

Schließlich war ich oben, nach über fünf Stunden. Das war ein so unglaublicher Moment! Du kommst ins Ziel und dann weinst du nur noch, weil es so schön und überwältigend ist. Da ist einem völlig egal, wie lange man gebraucht hat. Beherrschend ist das Gefühl: Du hast es geschafft. Es war das reine Glück, unabhängig von irgendwelchen Zeiten oder Vergleichen mit anderen Teilnehmern, die schon längst oben waren. Nach diesem Erlebnis war mir auch rational klar: Es kommt darauf an, ein gestecktes Ziel zu erreichen und den Erfolg nach allen Regeln der Kunst zu genießen.

Erreichte Ziele bewusst genießen

Keine Sorge, ich fordere nicht, dass jeder mal auf die Jungfrau rennen sollte. Ich will mit diesem Beispiel nur verdeutlichen, dass eine Leistung und das Erreichen eines selbst gesteckten Ziels nicht Pflichterfüllung oder Abarbeiten sind, sondern ein wirkliches Glücksgefühl hervorrufen – erst recht wenn man etwas entgegen der Wahrscheinlichkeit und allen Unkenrufen zum Trotz erreicht hat.

Das gilt selbstverständlich auch für kleinere Ergebnisse. Man darf nur nicht vergessen, sie zu genießen, sondern sollte sie immer gebührend würdigen. Eine Freundin von mir teilt ihre Freude am liebsten mit anderen. Sie ruft mich beispielsweise an und sagt: »Stell dir vor, ich habe gestern einen Auftrag für 7500 Franken geschrieben. Lass uns das feiern und auf einen Wein ausgehen.« Ihr Ziel ist, am Ende des Jahres unter den fünf Umsatzbesten in ihrer Firma zu sein, und diesen neuen Auftrag sieht sie als einen Schritt dahin, ihr Ziel zu erreichen.

Inszenieren Sie Ihren Erfolg

Viele Vorgesetzte treiben ihren Mitarbeitern diese Freude am Erfolg aus. Das ist unklug und auf Dauer auch teuer. Denn todsicher werden sie mit der Zeit nachlassen. Kein Mensch hält auf Dauer sein Leistungsniveau, wenn er immer »nur« arbeitet, ohne die Anerkennung zu erhalten, die ihm beim Erreichen eines Ziels eigentlich zustünde. Die Motivation bleibt dann sehr schnell weg und das kann weder den Mitarbeitern noch den Unternehmern nützen.

Wenn man so einen Chef hat, ist es schwer, dagegen anzukommen. Die Gegenmaßnahme: Man muss seine Erfolge selbst inszenieren. Ich bin vor einiger Zeit in ein Büro gekommen, da klebten lauter Zettel an einer der Türen, ein bisschen unordentlich, teilweise mit der Hand geschrieben und bestimmte Zeilen mit Textmarker eingekringelt. Ich fragte mich, was das wohl sein könne, weil sich die Sache als Memo-Brett definitiv nicht eignete. Schließlich sprach ich eine Mitarbeiterin an, ob sie mir erklären könne, wozu diese Zetteltür gut sei. »Ja«, antwortete sie mit Begeisterung. »Das ist unsere Triumphwand!« Ich begriff erst recht nichts. »Schauen Sie«, erklärte sie mir, »wir stecken bis zum Hals im Tagesgeschäft und telefonieren, haken nach, setzen neue

Projekte auf die Schiene, organisieren alles Mögliche und gehen abends auf dem Zahnfleisch nach Hause. Es ist ja schön, wenn das Geschäft gut läuft, aber doch ziemlich anstrengend. Und eines Tages haben wir bemerkt, dass wir vor lauter Anstrengung gar nicht mehr richtig mitbekommen, was uns alles gelingt, welche Aufträge wir mit Bravour erfüllt haben. Deshalb kleben wir für jedes gelungene Projekt einen Zettel an diese Tür. Ab und zu stellen wir uns einfach davor, genießen den Anblick und denken uns: Es ist wirklich toll, was wir in diesem Jahr schon geschafft haben. Und wir schwelgen in dem Gefühl, Erfolg zu haben.«

Erfolge nicht im Alltagsgeschäft untergehen lassen

Ich war beeindruckt und sofort überzeugt von dieser einfachen, aber extrem wirkungsvollen Idee. Damit kein Missverständnis entsteht: Ich möchte keineswegs irgendwelche Wellness-Ideen propagieren. Ich bin vielmehr davon überzeugt, dass die Fähigkeit, Entscheidungen zu treffen, ursächlich verknüpft ist mit der Bereitschaft, sich Ziele zu setzen. Und diese Bereitschaft wird sich nur dann entfalten und auf Dauer bestehen können, wenn man in der Lage ist, den Lohn für diese Mühen auch zu genießen, und nicht einfach zur Tagesordnung übergeht. Wenn man diese Fähigkeit nicht trainiert, wird es einem auf Dauer schwerfallen, Entscheidungen zu treffen. Und es wird nahezu unmöglich sein, schwierige Entscheidungssituationen auszuhalten und unpopuläre Entscheidungen zu fällen.

Woher die Ziele kommen

Eine der klassischen Fragen in Vorstellungsgesprächen lautet: »Wo möchten Sie in zehn Jahren stehen?« Wer darauf nichts Kluges sagen kann, hat schon verloren. Die Grenzen dieser Frage sind mir durchaus bewusst, zumal sie ein so bekanntes psychologisches Werkzeug der Personalleiter ist. Doch wenn man für die Antwort einen genügend großen Spielraum und viele Varianten zulässt, ist diese Frage auch als Gerüst für eigene Lebensentscheidungen ganz nützlich.

Die Ziele sind ja ganz unterschiedlich, manche eher formal, etwa der Wunsch, sein Examen in der Tasche zu haben, andere sind wertorientiert, beispielsweise mit seinem Partner und der Familie glücklich zu leben.

Jeder hat Ziele, auch wenn er sie manchmal nicht kennt

Viele Ziele speisen sich aus Vorhandenem, also bestimmten Begabungen und gleichsam angeborenen Neigungen, andere werden von außen vorgegeben, von den Eltern, dem Chef oder sonst jemandem. Manchen fällt es so schwer, ihre Ziele zu benennen, dass sie glauben, sie hätten keine. Doch wahscheinlich stimmt das gar nicht, sie können sie nur nicht formulieren.

Am einfachsten ist es, wenn man mit einer quasi genetischen Zielsetzung ausgestattet ist. Ich war immer schon auf Fußball geeicht (auch wenn ich noch einige Umwege gehen musste, bis ich diese Leidenschaft dann wirklich ausleben konnte), und meine Tochter wusste beispielsweise bereits als kleines Kind, was sie wollte: reiten. Das war ganz klar, das wollte sie. Nichts anderes. Ich wäre der Letzte gewesen, der für eine solch klare Entschiedenheit kein Verständnis gehabt hätte. Es hat mir imponiert, und deshalb haben meine Frau und ich auch einiges unternommen, um ihr dieses Hobby zu ermöglichen. Obwohl es finanziell für uns in bestimmten Phasen nicht so einfach war, haben wir nicht abgewehrt: Das ist zu teuer, das geht nicht. Da sie so ernsthaft reiten wollte und der Wunsch erkennbar keine momentane Flause war, haben wir gesagt: Gut, dann mach das. Damals war sie sieben Jahre alt. Und heute ist sie immer noch dabei, sie ist ehrgeizig und macht es gut, obwohl sie keine professionelle Reiterin ist. Denn ihr kommt es nicht unbedingt auf ein formales Ziel an, also etwa bestimmte Medaillen zu gewinnen. Sie will vielmehr in dem, was sie tut, besonders gut sein. Das ist ihr Ziel, und dem ist sie gefolgt und dafür hat sie sich angestrengt.

TOP 3
Lassen Sie zu, dass Ihnen Ziele gesetzt werden.

Es gibt Ziele, die man sich selbst setzt. Es gibt aber auch viele, die von außen, von anderen vorgegeben werden. Sie stehen häufig in schlechtem Ruf – meiner Ansicht nach zu Unrecht –, da heute Selbstbestimmung und Selbstverwirklichung einen so hohen Stellenwert genießen. Wenn ein anderer bestimmt, was man tun soll, gerät das schnell in den Ruch der Anmaßung oder Tyrannei. Das kann tatsächlich auch so sein. Es kann meiner Ansicht nach aber auch hilfreich wirken. Wenn Sie sich beispielsweise mit diesen Zielen identifizieren können und es schaffen, diese Vorgaben auch zu den Ihren werden zu lassen. Dann fällt es leichter, sie zu erreichen.

Im Deutschen sagt man ja gern: Man muss das Rad nicht immer wieder neu erfinden. Das lässt sich auch auf bestimmte Zielsetzungen übertragen. Es ist häufig energiesparend, Ziele zu übernehmen, die andere setzen, etwa bestimmte Umsatzmarken, die erreicht werden sollen. Solche Ziele basieren auf Erfahrungen, die Kollegen bereits gemacht haben: mit dem Produkt, der Zielgruppe, den Herstell- und Vertriebsmöglichkeiten, der Konkurrenz. Es wäre also überflüssiger Aufwand, eine riesige und komplizierte neue Kalkulation anzufertigen.

Besser ist es, eine Art Plausibilitätsprüfung anzustellen und eventuell geringfügige Korrekturen durchzuführen, das gesetzte Ziel aber im Großen und Ganzen zu übernehmen. Das funktioniert natürlich nur, wenn das Ziel in sich vernünftig ist. Ein Unternehmer, der ständig die zu erreichenden Umsatzzahlen höher schraubt, ohne die Voraussetzungen dafür zu schaffen, riskiert, dass keines seiner Ziele mehr für plausibel gehalten und ihm jegliche Kompetenz abgesprochen wird.

Auch fremdgesetzte Ziele sind nützlich

Wenn die von anderen vorgegebenen Ziele mit den eigenen Möglichkeiten korrespondieren, können sie einen sogar zu Leistungen animieren, die man sich selbst nicht zugetraut – oder auch zugemutet – hätte. In den schulischen Angelegenheiten ist das wahrscheinlich am augenfälligsten. Die meisten Kinder haben nicht die Milch der frommen Denkart getrunken und würden freiwillig so komplizierte Dinge wie Flächenberechnung oder Hunderte von Vokabeln nicht lernen. Dennoch sind es ausgesprochen nützliche Dinge und nur dadurch, dass die Kinder gezwungen werden, sich damit zu beschäftigen, trainieren sie ihren Verstand und bekommen außerdem heraus, ob sie Brückenbau-Ingenieur oder lieber Dichter werden wollen. Deshalb möchte ich in diesem Sinne eine Lanze brechen für die meiner

Auffassung nach häufig zu Unrecht verdammten fremden Zielsetzungen.

Ob selbstbestimmt oder fremdgesteuert: Es gibt eine Wechselbeziehung zwischen Ziel und Entscheidung, die man sich einmal klargemacht haben muss, damit man versteht, wie man vom Problem zur Lösung kommt. Der Weg zum Erreichen eines Ziels oder auch der Lösung eines Problems ist mit Entscheidungen versehen. Auch die Entscheidung, das Ziel anzunehmen oder abzulehnen, ist dabei. Und das ist gut so! Denn wenn man es mal ein wenig anders betrachtet, dann markieren Entscheidungen die Etappen, sie gliedern den Prozess bis zum Ziel, sie dienen der Vergewisserung, ob dieses Ziel dauerhaft erstrebenswert ist oder revidiert werden sollte, und sie dienen der Kommunikation, also der Vermittlung von Zielen an andere.

Ziele gliedern den Weg

Wenn man sich die Funktion von Entscheidungen auf diese Weise einmal bewusst macht, verlieren sie auch ihren Schrecken, sie können dann als das wahrgenommen werden, was sie sind: Hilfsmittel, die das Gelingen erst ermöglichen.

Es gibt etliche Methoden der rationalen Entscheidungsfindung. Ich will und kann hier nicht alle aufführen, sondern im Folgenden die Optionen beleuchten, die sich in meinem Leben als nützlich erwiesen haben und die meiner Meinung nach auf alle Situationen übertragbar sind. Sie lassen sich so zusammenfassen:

- **Fakten sammeln und bewerten,**
- **auf das Wesentliche konzentrieren,**
- **die Perspektive ändern.**

TOP 4
Sammeln Sie die Fakten.

Eine Entscheidung hat immer mit Bewertung zu tun. Doch wie unterscheidet man zwischen gut und schlecht? Der erste Schritt besteht darin, die Fakten zu sammeln. Im Märchen von Aschenputtel soll das Mädchen die Linsen aus der Asche herauslesen: die guten ins Töpfchen, die schlechten ins Kröpfchen. Sie bittet die Tauben, ihr zu helfen, und die verfahren nach der beschriebenen Regel. Wie die Tauben im Einzelnen vorgegangen sind, wissen wir nicht. Aber wir können davon ausgehen, dass sie die Fakten kannten und auf dieser Basis ziemlich flott die Linsen und die Asche nach ihren jeweiligen Eigenschaften trennten. Die Linsen sind fest, rundlich, hart, von glatter Oberfläche. Die Aschebrocken sind unregelmäßig, bröselig und rissig. Das Ergebnis ist bekannt: Aschenputtel bekam den Prinzen.

    Wahrscheinlich gehen die meisten Menschen so oder so ähnlich wie die Tauben vor, oft ganz selbstverständlich, seltener bewusst systematisch. Bei einfach strukturierten Situationen ist es keine Schwierigkeit, die Fakten zu erkennen. Ob ein Brötchen knusprig ist oder nicht, lässt sich ohne Aufwand feststellen. Entsprechend wird das krosse genommen. Schwieriger wird es bei komplexen Situationen. Die Vielzahl der Aspekte lässt sich nicht mal so eben im Draufschauen erfassen. Hier empfiehlt sich, eine Liste anzulegen.

    Die Pro-und-Kontra-Aufstellung ist ein verbreitetes, weil sehr praktisches und einfach zu handhabendes Hilfsmittel. Wenn zwei Dinge zur Auswahl stehen, listet man eben die Vorteile in der Pro- und die Nachteile in der Kon-

Komplexität strukturieren und einzelne Aspekte bewerten

traspalte auf. Allein die Länge kann manchmal schon Aufschluss darüber geben, ob man sich für oder gegen etwas entscheiden sollte. Möglicherweise meinen Sie: Kinderkram, ich bin intellektuell so gut drauf, dass ich das alles im Kopf mache. Ich meine: Vorsicht! Ich finde diese schriftliche Liste sehr nützlich, weil sie noch einmal deutlich macht, welche Faktoren überhaupt berücksichtigt werden sollten, sie bringt Übersicht ins Geschehen. Wenn man lediglich über etwas nachdenkt, ist man meist weniger präzise, als wenn man eine schriftliche Formulierung für ein Argument finden muss. Gleichwohl ergibt sich die Entscheidung nicht immer automatisch aus der »Mehrheit« einer Spalte, weil nicht alle aufgeführten Aspekte gleich viel wert sind. Der zweite Schritt besteht also darin, sie zu bewerten. Dafür gibt es kein feststehendes System, denn die Wertigkeit der einzelnen Aspekte kann unterschiedlich sein, je nach Sichtweise des Betrachters. Sie kann aber auch objektiv verschieden sein, je nach Situation des Betrachters.

Objektive Fakten ändern sich im individuellen Kontext

Nehmen wir ein einfaches Beispiel, etwa die Entscheidungsfindung beim Kauf einer Waschmaschine. Die meisten Waschmaschinen ab einer bestimmten Preiskategorie sind einander relativ ähnlich hinsichtlich ihrer technischen Möglichkeiten. Es geht also darum herauszufinden, was individuell passt. Da können Kleinigkeiten den Ausschlag geben. Stellen wir uns zwei Käufer vor:
– Käufer 1 wohnt allein in einer Etagenwohnung und hat keinen Waschkeller.

– Käufer 2 lebt mit Mann und zwei Kindern in einem Einfamilienhaus und hat alle Großgeräte im Keller untergebracht.
– Waschmaschine Typ A zeichnet sich durch extrem leises Motorengeräusch aus, auch bei hoher Schleuderleistung. In den Programmen sind Sparversionen enthalten. Dafür ist jedoch die Befüllmöglichkeit nicht optimal gelöst.
– Typ B ist nicht ganz so leise, die Befüllung ist bequem zu handhaben und die Betriebskosten sind besonders niedrig; wegen des ausgefeilten Designs ist die Maschine jedoch etwas teurer.

Käufer 1 wäre also wegen der geringen Geräuschentwicklung und der Sparversionen gut beraten, Typ A zu kaufen. Für Käufer 2 sind die Geräusche egal, aus dem Keller dringt eh kaum etwas nach oben, das Design ist unerheblich, weil man es nur selten sieht, Sparprogramme braucht er nicht. Er nimmt also auch Typ A.

Berücksichtigt man aber, dass Käufer 1 jedes Wochenende Besuch von seinen jüngeren Geschwistern bekommt, die ihre Wäsche bei ihm waschen, sieht die Sache schon wieder anders aus. Sparversionen braucht er also kaum oder gar nicht, die Betriebskosten schlagen hingegen kräftig zu Buche, und da er Künstler ist, spielt die Ästhetik bei ihm eine große Rolle. Also doch Typ B. Außerdem sind seine Nachbarn nur selten zu Hause, die lauteren Geräusche sind daher kein Problem.

Sie sehen, was ich meine: Die Bewertung von Aspekten oder die Wertigkeit von Argumenten kann nur zu einem Teil wirklich objektiven Kriterien folgen. Ausschlaggebend muss jeweils die Einordnung in den individuellen Kontext sein. Das macht die Situation vielleicht zunächst unübersichtlicher, weil es zwangsläufig zu einer Vermehrung der Aspekte kommt, die berücksichtigt werden wollen.

Den individuellen Kontext bei der Bewertung berücksichtigen

Auf den zweiten Blick wird aber klar, dass diese Bezugnahme auf die Unterschiede eher von Vorteil ist. Selbst bei so harmlos wirkenden Dingen wie einem Waschmaschinenkauf kann dieser individuelle Zusammenhang dazu beitragen, dass eine Bewertung einfacher und angemessener wird. Unter Umständen führt diese dann zu einer ganz anderen Lösung als der vermeintlich klar auf der Hand liegenden.

TOP 5
Achten Sie darauf, Ihr Ziel im Auge zu behalten.

Nicht immer gelingt es allen in jeder Situation gleich gut, den Überblick über die Fakten zu behalten und sie so zu ordnen bzw. auszusieben, dass sie zur persönlichen Situation passen. Das Leben besteht zwar nicht aus Waschmaschinenkäufen, aber sie bieten doch jede Menge Anschauungsmaterial. Sehen Sie es mir bitte nach, dass ich noch einmal darauf zurückkomme. In meinem Geschäft für Haushaltsgeräte bin ich oft Zeuge geworden, wie Käufer im Strudel ihrer wunderbaren Vorbereitung und in ihrer Sammlung von Daten und Fakten schier untergegangen sind. Meiner Erfahrung nach sind Männer dafür besonders empfänglich bzw. gefährdet.

Zu viel Wissen lenkt vom Eigentlichen ab

Männer kommen ins Geschäft und sind erfüllt von ihren bereits vorab gewonnenen Kenntnissen. Sie kennen Daten wie Wasserverbrauch, Schleuderleistung, Stromabnahme, Energieklasse und noch tausend andere technische Angaben von mindestens sieben verschiedenen Waschmaschinen. Sie haben die Empfehlung der Verbraucherberatungen gelesen, sie haben Preise von fünf verschiedenen Geschäften eingeholt und wissen, wo es für den Fall der Fälle die günstigsten Ersatzteile gibt usw. Sie haben ungefähr 500 Details im Kopf und betreten den Laden im Bewusstsein, allerbestens vorbereitet zu sein und jedem Verkäufer und dessen Erfahrung Paroli bieten zu können. Sie testen den Verkäufer, ob er dieselben Daten kennt wie sie, fragen noch hundert Sachen extra, triumphieren bei Wissenslücken des Mitarbeiters – und dann sagt die Frau einfach irgendwann: »Wir nehmen diese hier.«

Was passiert da? Macht er Mätzchen und sie gute Miene zum aufgeregten Spiel? Vielleicht auch. Ganz sicher aber ist das ein Paradebeispiel für unterschiedliche Entscheidungsstrategien: Er sucht die optimale Lösung, sie will eine Waschmaschine. Er verliert im Dickicht seiner Fakten das Ziel aus dem Blick (und fasst ein neues ins Auge, nämlich den Verkäufer zu beeindrucken), sie denkt an den Berg Wäsche zu Hause und hat sich vorgenommen, nicht mehr als 800 Euro für eine Waschmaschine auszugeben, die günstige Betriebskosten ausweist und über ein Spezialprogramm für die Gardinenwäsche verfügt. Das Ergebnis: Sie hat relativ wenig Zeit mit Vorbereitungskram verschwendet (und hätte noch mehr Zeit gespart, wenn er nicht so ausschweifend sein Wissen vor dem Verkäufer ausgebreitet hätte), hat sich darauf verlassen, dass der Verkäufer ihre Fragen sachkundig beantworten kann – und verfolgte stringent das Ziel, das sie klar formuliert hatte.

TOP 6
Suchen Sie nicht immer nach der optimalen Lösung, sondern nach der angemessenen.

Ich bin sicher, dass Sie selbst schon etliche Situationen dieser Art erlebt haben – bei anderen oder bei sich selbst, mal als blockierter Faktenfan und mal als unbefangener Entscheider. Das Problem liegt ganz offensichtlich zum einen darin, dass jemand wie der Waschmaschinenkäufer keine Prioritäten setzt. Er ist so beladen mit seinen Informationen, dass er vergisst, warum er eigentlich in das Geschäft gekommen ist. Und er ist auf eine gewisse Art maßlos. Er will nämlich alles: das Beste zum niedrigsten Preis und am liebsten sofort. Eine gute Lösung ist ihm nicht gut genug. Sie muss 150-prozentig sein, 200-prozentig wäre natürlich noch schöner.

Ein Kardinalfehler im Privat- wie im Geschäftsleben: nicht die angemessene Lösung zu suchen, sondern stets die optimale. Warum? Weil der Mehrwert, den optimale Lösungen im Vergleich zu angemessenen bringen, häufig nur minimal ist. Was hätte der Waschmaschinenkäufer streng genommen gewinnen können? Eine Maschine, die vielleicht 70 Euro preiswerter ist und 100 Umdrehungen mehr beim Schleudern bringt. Bei einer Laufzeit von zehn bis 20 Jahren sind 70 Euro auf jeden Fall zu verschmerzen und 100 Um-

Wer stets besonders schlau sein will, verliert damit meistens Zeit

drehungen mehr machen die Wäsche geringfügig trockener, was in der Praxis kaum eine Rolle spielt. Der Aufwand, mit dem er die optimale Lösung sucht, kostet aber mehr: intellektuelle Kapazitäten, persönlichen Energieeinsatz, Aufwand für die Beschaffung von Informationsmaterial, Arbeits- bzw. Freizeit.

Es gilt deshalb, zu reduzieren und in die Argumente, die bei einer Sache anzuwenden sind, Ordnung zu bringen. Ich überlege mir: Was will ich erreichen, welcher Aspekt führt mich näher zum Ziel, welches Argument bringt mich ab? Ich reduziere. Das ist ganz wichtig für mich – und für Sie auch. Trennen Sie sich von Erwägungen, die Sie beschäftigen, die aber keinen Erkenntnisgewinn bringen oder nicht in unmittelbarem Zusammenhang mit dem Ziel stehen.

TOP 7
Konzentrieren Sie sich auf das Wesentliche.

Die Reduktionsregel gilt:
1. für die Anzahl der Entscheidungen, die Sie treffen sollten. Wenn Sie täglich sehr viele Entscheidungen fällen, ist das sicher ein Zeichen dafür, dass Sie eine wichtige Position bekleiden. Es kann aber auch sein, dass Sie die wichtigen von den unwichtigen Entscheidungen nicht unterscheiden können. Wenn Sie beispielsweise Abteilungsleiter sind, dann sollten Sie sich auf die Fälle konzentrieren, in denen das Wohl der Abteilung und das des Unternehmens betroffen ist. Überlassen Sie es Ihren Mitarbeitern, sich um die anderen Dinge zu kümmern. Es ist Verschwendung,

wenn Sie das Büromaterial bestellen und den Techniker von der Telefongesellschaft anrufen. Denken Sie lieber über die Strategie für das nächste Jahr nach.

2. für die Anzahl der Gesichtspunkte, die Sie innerhalb eines bestimmten Problems für die Entscheidung berücksichtigen sollten. Machen Sie eine Sache nicht komplizierter, als sie ist, und wenden Sie auf die Entscheidung der 80 Prozent Alltagsfragen nur 20 Prozent Ihrer Energie auf. Konzentrieren Sie Ihre Kräfte auf die wenigen Entscheidungen, die tatsächlich komplex und lebensverändernd sind. Reduzieren Sie radikal die Alternativen, dann drängt sich eine Entscheidung schon fast von selbst auf.

Ein ganz simples Beispiel: Sie haben sich fest vorgenommen, zweimal in der Woche morgens früh zu joggen. Sie haben Disziplinschwierigkeiten und kommen schwer aus dem Bett bzw. gar nicht. Woran liegt's? Wahrscheinlich daran, dass Sie jedes Mal mit sich selbst eine Debatte führen, ob Sie nicht noch zehn Minuten zugeben sollen. Oder ob Sie bei diesem Regen wirklich raus sollten. Oder ob donnerstags wirklich ein günstiger Termin ist, weil das sowieso immer ein langer Tag für Sie ist. Sie hängen in Alternativen fest, die letztlich irrelevant sind oder nicht in diesem Moment entschieden werden müssten. Der Effekt: Sie bleiben liegen. Und am nächsten Tag wiederholt sich das Ganze so oder so ähnlich. Deshalb meine ich: Fassen Sie das Ziel ins Auge und reduzieren Sie die Alternativen, bis es keine mehr gibt. Und das können Sie schon am Abend vorher machen.

Von Heuhaufen und anderen Eseleien

Gleichwertige Alternativen verändern

Es gibt Entscheidungssituationen, bei denen bis zum Schluss mehrere Alternativen bleiben, eine Entscheidung also unmöglich ist. Sie kennen wahrscheinlich die Geschichte von Buridans Esel. Falls nicht: Hier ist sie. Es ist keine wahre Geschichte, sondern ein erfundenes Beispiel, das auf den mittelalterlichen Philosophen Buridan zurückgehen soll, aber auch von anderen Dichtern und Denkern in Anspruch genommen wird und sehr viel älter ist. Ein hungriger Esel steht in der Mitte zwischen zwei Heuhaufen, die gleich weit entfernt, von genau gleicher Größe und Beschaffenheit sind. Der Esel kann sich nicht entscheiden, denn sie sind ja beide gleich gut und gleich weit weg. Es gibt also keine Kriterien, die ihm sagen, welchen er nehmen soll. Am Ende verhungert er, weil er keine Entscheidung treffen kann.

Die Geschichte von Buridans Esel soll das Problem verdeutlichen, dass es mit logischen Mitteln keine Entscheidung zwischen zwei absolut gleichwertigen Möglichkeiten gibt. Was also tun? Bleibt nur das Verharren bis zum Tod? Es geht auch anders: Ein Ausweg besteht darin, den Standpunkt zu verändern und dadurch einen anderen, neuen Blickwinkel zu öffnen.

TOP 8
Ändern Sie die Perspektive.

Leichter gesagt als getan, denn die Veränderung einer Sichtweise in Bezug auf gelernte, verinnerlichte Dinge fällt den meisten Menschen sehr schwer. Das ist verständlich, da der Rückgriff auf gemachte Erfahrungen das Leben ungemein erleichtert. Man käme keinen Schritt voran, wenn man alles immer wieder von vorn überlegen müsste. Der Nachteil dieser schnellen »Erkenntnis« besteht darin, dass sie unkreativ ist und damit häufig den Weg zu einer Lösung erschwert oder sogar unmöglich macht. Wir treten auf der Stelle oder kreisen immer um dasselbe. Wir bringen stets ein Vorwissen mit, das uns eine bestimmte Richtung des Erkennens nahelegt. Andere Möglichkeiten werden ausgeblendet. Das geht ganz automatisch vor sich. Diesen Mechanismus auszuheben bzw. zu korrigieren erfordert eine gewisse Anstrengung und eben die Bereitschaft, andere Perspektiven sehen zu wollen.

Zur Veranschaulichung lege ich Ihnen hier das so genannte Streichholzexperiment vor, das die Wissenschaftler Günther Knoblich und Michael Öllinger entwickelt haben. Die Aufgabe besteht aus zwei Teilen, wie sie auf dieser und der folgenden Seite abgebildet sind:

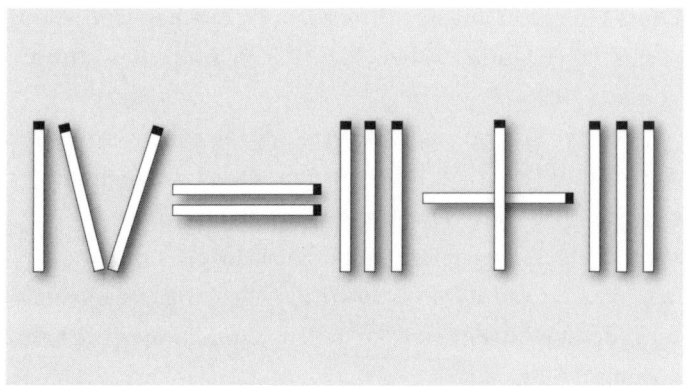

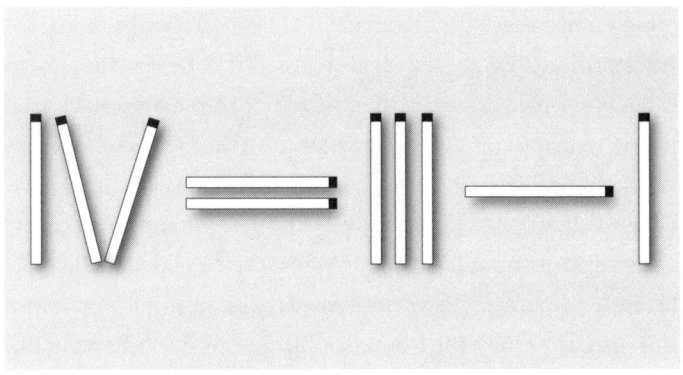

Lösen Sie zuerst die erste Aufgabe, dann die zweite. Sie dürfen jeweils nur ein Hölzchen so verändern, dass die Gleichung wieder stimmt. Es ist nicht erlaubt, ein Hölzchen wegzunehmen, und die Lösung darf nur römische Ziffern, Plus-, Minus- und Gleichheitszeichen enthalten.

Wenn Sie die erste Aufgabe relativ problemlos in ein oder zwei Minuten gelöst haben, dann ist das ganz normal. Aus der Schule kennen wir, dass man zur Lösung arithmetischer Aufgaben vor allem die Werte verändern muss, um das richtige Ergebnis zu erreichen. Wenn Sie also das Einer-Hölzchen aus der römischen IV nehmen und rechts von V legen, dann haben Sie eine VI und alles stimmt. VI = III + III.

Hatten Sie mit der zweiten Aufgabe mehr Probleme? Auch das ist normal. Die meisten Leute brauchen länger, weil sie sich vom Gewohnten schwerer trennen können. Wenn Sie bei Ihrer gelernten und bewährten Annahme bleiben, dass Plus und Minus sowie das Gleichheitszeichen unveränderliche Parameter darstellen, dann können Sie keine Lösung finden.

Sie müssen die Strategie fundamental ändern: Nehmen Sie ein Hölzchen vom Gleichheitszeichen weg und legen Sie es zum Minuszeichen. Sie erhalten dann **IV − III = I**.

Legen Sie dieses Experiment doch einmal Ihren Freunden und Bekannten vor. Die Sudoku-Spieler oder Logik-Fans sind möglicherweise etwas im Vorteil, aber das macht nichts. Ich wette, dass Sie trotzdem interessante und bezeichnende Ergebnisse erhalten. Ein Bekannter von mir, der Filmemacher und Schriftsteller ist, meinte nach zwei Minuten, Aufgabe 1 sei unlösbar, aber Nummer 2 doch ganz einfach. Ich musste sehr darüber lachen, denn es war typisch für ihn: Zahlen sagen ihm gar nichts, er verfügt über völlig andere kreative Bezugssysteme und einen sehr eigenständigen Blick. Deshalb hat er das quasi auf der Hand Liegende nicht erkannt, die Lösung, für die man eine kühnere Strategie braucht, aber sofort gefunden.

Wie erkennen Sie im normalen Leben, welche Hölzchen Sie wohin legen sollten, um zu einer Lösung zu kommen? Dafür gibt es mehrere Methoden:

- **die Veränderung der Fragestellung,**
- **den Rollentausch,**
- **paradoxe Strategien.**

Die Veränderung der Fragestellung

Wenn man in einer Sackgasse steckt, Pro und Kontra in aller Ausführlichkeit betrachtet hat und trotzdem zu keinem Ergebnis kommt, dann liegt das Problem möglicherweise in der Formulierung. Ändert man die Aufgabe oder die zur Entscheidung anstehende Frage, dann öffnen sich auch neue Lösungswege. Ein Beispiel: Einer Bekannten von mir sind mehrere Mietshäuser ihrer Eltern überschrieben worden. Die Häuser waren in unterschiedlichem Zustand, für einige musste ordentlich investiert werden, um sie auf Dauer marktfähig zu halten. Dafür hätte sie einen größeren Kredit aufnehmen müssen. Sie steckte fest: So konnte sie die Häuser nicht lassen, aber eine hohe Kreditverpflichtung wollte sie auch nicht eingehen. Nach einigem Hin und Her wurde ihr klar, dass sie die Prämisse falsch formuliert hatte bzw. ohne zu fragen von ihren Eltern übernommen hatte. Demnach rangierte die Erhaltung des Bestands an oberster Stelle und dem hätte sich die ungünstige Situation eines hohen Kredits unterordnen müssen.

Erst als sie sich von der Prämisse trennte, kam sie einen Schritt weiter. Sie fragte sich nämlich, ob die Erhaltung wirklich auch ihr Ziel sei, und stellte fest, dass sie etwas anderes eigentlich viel mehr interessierte: nämlich in zehn oder 20 Jahren ihrem Sohn etwas Substanzielles zu hinterlassen, das ihn absichern und nicht belasten würde. Daraus ergaben sich die Konsequenzen relativ klar: Sie verkaufte die Immobilien, für die sie hohe Investitionen hätte tätigen müssen, und steckte das daraus resultierende Geld in die verbliebenen, um ihre gute Substanz auch auf Dauer zu erhalten.

Natürlich war dieser Entscheidungsprozess anstrengend für meine Bekannte, denn es ging ja nicht nur darum, ein bisschen besser zu rechnen. Eine große Hürde bestand darin, das scheinbar Gegebene in Frage zu stellen und sich aus dem Geflecht von Voraussetzungen zu befreien, in dem sie

Die Prämissen prüfen und gegebenenfalls neu formulieren

steckte. Dazu gehörte auch, dass sie sich nicht so verhielt, wie ihre Eltern das von ihr erwarteten – und diese emotionale Verpflichtung aufzubrechen ist schon eine Leistung. Ich glaube, dass man oft in solchen Korsetts aus familiären oder anderen scheinbar unabänderlichen Ansichten feststeckt, ohne dass man sich dessen bewusst wird. Es lohnt sich also gerade bei solchen Entscheidungen mit lange wirksamen Konsequenzen, die Prämissen zu hinterfragen.

Der Rollentausch

Beim Rollentausch nehmen Sie gedanklich nicht die Position des Entscheiders ein, sondern die eines anderen. Beispielsweise: Was würde mein Freund in dieser Situation tun? Oft ist es aber auch günstig, sich die Bedürfnisse oder Reaktionen eines Betroffenen klarzumachen oder eines ganz Fremden. Das ist nicht ganz einfach, denn wenn man nur mal so nebenbei darüber nachdenkt, nimmt man doch keine andere Perspektive ein, sondern tut nur so als ob.

Wenn man an einem Scheideweg steht und eine wichtige Entscheidung für sich selbst treffen muss, kann der Rollentausch auch darin bestehen, dass man einen anderen dazu holt, der für einen selbst die Frage stellt. Meiner Ansicht nach ist es günstig, wenn das eine objektive Person ist. Also nicht unbedingt ein Freund oder jemand aus der Familie. Man braucht dann jemanden, der sich das Ganze von außen ansieht. Alle Menschen, die um einen herum sind, haben auch ihre eigenen Interessen, das ist ganz natürlich und nicht böse gemeint, verhindert aber die objektive Sicht auf die Dinge.

Vor ein paar Jahren war ich selbst in einer Situation, in der ich vor lauter Optionen und Ideen nicht mehr wusste, wo es eigentlich lang ging, was ich wirklich wollte. Ich hatte Erfolg, das Geschäft lief gut, dann kam der Confederations Cup, die Vorträge, nach der Weltmeisterschaft sogar noch mehr, die FIFA bot mir verschiedene Möglichkeiten. Und die Familie mit zwei Kindern war ja auch noch da; vielleicht wollte eins von ihnen mal das Geschäft übernehmen, deswegen musste ich mich sehr darum kümmern.

Das Ganze wurde mir einfach zu viel und ich wusste nicht, wie es weitergehen sollte. Ich hatte Probleme, alles unter einen Hut zu bekommen, die Zeit zerrann mir zwischen den Fingern und ich begann auch körperlich zu merken, dass ich auf zu vielen Hochzeiten tanzte. Ich musste mich entscheiden, was ich behalten und worauf ich verzichten wollte. Und ich merkte, dass ich allein nicht weiterkam. Da habe ich mich zu Weihnachten gefragt, was ich mir schenken könnte. Und habe mir gedacht: Ich schenke mir jemanden, der mir hilft, das Problem zu lösen. Ich nehme mir einen Berater.

Relativ schnell habe ich jemanden gefunden, zu dem ich Vertrauen hatte und mit dem die Chemie stimmte. Wir haben einen Termin ausgemacht, und er hat mir eigentlich nur eine einfache Frage gestellt: Du hast zwei Telefonapparate. Auf dem einen ruft einer an, der etwas von deinem Geschäft wissen will. Auf dem anderen klingelt jemand, der dich wegen des Fußballs sprechen will. Du darfst aber nur ein Telefonat annehmen. Welches nimmst du?

Damit war alles klar. Ich hätte natürlich den Fußball-Anruf angenommen. Der Berater sagte: Dann ist ja auch dein

Der Blick von außen erkennt oft mehr

Weg klar. Geh ihn. Er zeigte mir mit dieser Frage die Richtung: Was du am liebsten willst, ist Fußball. Am Fussball hängt dein Herz und es kann dich dort keiner ersetzen. Also lass uns für dein Geschäft jemanden suchen, der dich dort ersetzen kann. Stell einen Geschäftsführer ein, der das Ganze in deinem Sinne organisiert und weiterführt. So einfach und doch so genial.

Ich hätte mir die Frage so nicht selbst stellen können. Ich habe dazu jemanden Außenstehenden gebraucht, der völlig ohne eigene Interessen das Problem fokussierte, sodass ich erkannte, welches Ziel ich im Innersten verfolgte.

Paradox denken

Die verschärfte Variante des Rollentauschs ist die Paradoxie. Sie dient in der einfachen Form dem Ausschluss von ungeeigneten Lösungen. Wenn Sie beispielsweise viel Geld geerbt haben und entscheiden müssen, was Sie damit machen sollen, um möglichst lange möglichst viel davon zu haben, hilft eine paradoxe Aufgabenstellung, also: Was muss ich tun, um das ganze Geld möglichst schnell zu verprassen? Eine Weltreise unternehmen, eine große Wohnung kaufen usw. So lichtet sich schon mal der Dschungel.

Man kann aber paradoxe Lösungen auch auf höherer Ebene in Betracht ziehen. Ich selbst habe damit gute Erfahrungen gemacht, auch im Geschäftsleben. Ich habe ja ein Geschäft für Haushaltsgeräte, und 20 Jahre lang habe ich gesagt: keine Küchen. Von Küchen verstehe ich nichts, also lasse ich das lieber bleiben, ich konzentriere mich auf Haushaltsgeräte. Doch der Markt veränderte sich, und ich

Gegen den Strich und das Gewohnte denken

hatte irgendwann den Eindruck, dass ich von meiner alten Entscheidung, mit der ich so lange gut gefahren war, abrücken sollte. Ich begann also eher versuchsweise damit, auch Küchen zu verkaufen, und kurz danach bot man mir ein Ladenlokal in einem Nachbarort an. Ich sah das Küchengeschäft bereits mit anderen Augen, weil ich erkannt hatte, welche Umsätze sich damit machen ließen, und schätzte die Marktchancen zudem als gut ein. Es gab in unserer Gegend nur ein einziges Geschäft, das eine große Auswahl und Topqualität hatte, so wie es mir vorschwebte.

Der Knackpunkt an meinem Plan war der: Wenn ich das neue Ladenlokal in dem anderen Ort nehmen und mit den Küchen expandieren wollte, dann brauchte ich dafür Unterstützung, nämlich den Mann, der das Geschäft dort in meinem Sinn führte und es erfolgreich machte, mit dem ich gemeinsam ein Konzept entwickeln konnte, das tragfähig war. Der Architekt, der für mich das Geschäft umbaute, brachte mich dann auf die zündende Idee. Wir sprachen über meinen größten Konkurrenten, über den ich mich dauernd ärgerte, weil er mir immer die guten Küchenaufträge wegschnappte. Ich kannte ihn nicht persönlich, wurde aber schon sauer, wenn ich nur den Namen hörte. Und dann gab mein Architekt zu, dass er auch bei diesem Mann kaufte, weil es dort eine erstklassige Beratung und einen ausgezeichneten Service gab.

Im ersten Moment dachte ich, das kann doch wohl nicht wahr sein! Und im zweiten Moment: Jetzt muss etwas Neues her, so geht's nicht weiter. Wenn dieser Mensch so gut ist, dann müssen wir zusammenarbeiten und nicht gegeneinander. Es wurde ein Treffen in einem Restaurant arrangiert, der Architekt war als »neutrales Element« dabei, für den Fall, dass meine Idee doch nicht so gut ankäme. Aber es bestand gar keine Gefahr. Der Mann kam rein und wirkte sympathisch.

Ich bin voll ins Risiko gegangen und habe meine Ideen erläutert – wenn wir uns nicht einig geworden wären, hätte er genau gewusst, was von der Konkurrenz zu erwarten war. Aber ich dachte mir, dass es keinen Zweck hätte, um die Sache herumzulavieren, und legte meine sämtlichen Vorstellungen auf den Tisch.

Sehr schnell habe ich gemerkt, dass wir genau auf einer Wellenlänge waren. Er begann zu strahlen, seine Augen leuchteten. Nach dem Gespräch sagte er: Das ist gut, das will ich. Ich komme zu Ihnen.

Ich habe natürlich auch Glück gehabt, weil ich genau im passenden Moment aufgetaucht bin. Als ich ihm von meiner Vision erzählte, war er begeistert. Seine Ideen und seine Kreativität fanden bei mir genau den Freiraum, den er für seine Entfaltung brauchte. Ich hätte es selbst nicht so gut machen können wie er. Aber ich hatte ein Ziel und dann kann man Menschen begeistern und mitreißen. Meine Vision konnte ich selbst nicht mit Leben füllen. Also musste ich die paradoxe Strategie einsetzen und meinen vermeintlich ärgsten Widersacher ins Boot holen.

Ein bisschen Glück gehört oft dazu

Die paradoxe Strategie lässt sich nicht pausenlos und nicht auf alles anwenden. Als Versuch taugt sie aber immer, weil sie hilft, verkrustete Denkmuster aufzubrechen, und andere Wege zum Ziel öffnet. Vielleicht können Sie diese Wege nicht sofort beschreiten, aber Sie finden auf jeden Fall eine Linie, die Sie vorher nicht gesehen haben.

TOP 9
Sorgen Sie für Bewegung.

Eine gute Methode, um dem Verstand auf die Sprünge zu helfen, ist, den Körper in Bewegung zu bringen. Als sportlich aktiver Mensch scheint mir das eine nahe liegende Idee zu sein, die allerdings noch nicht bei allen angekommen ist. Der Weg zum Kühlschrank ist der eine – der Weg zum Sport ein anderer. Soweit ich weiß, ist aber der Zusammenhang zwischen körperlicher Bewegung und Gehirnaktivität auch wissenschaftlich erwiesen. Ob es mit dem erhöhten Sauerstoffgehalt im Blut zu tun hat oder einfach mit der Übertragung von körperlicher Bewegung auf das Gehirn – ich meine, dass ein flotter Spaziergang oder eine Runde Joggen den Kopf freimacht bzw. gründlich lüftet.

Das ist keine verschwendete Zeit, sondern eine rational fundierte Unterstützungsmaßnahme. Zumal der Verstand weiter an einer Lösung des Problems arbeitet. Lassen Sie Ihr Unterbewusstsein tätig werden. Sie entfernen sich räumlich von dem Problem, indem Sie Ihren Schreibtisch verlassen, und Sie entfernen sich geistig von dem Punkt, an dem Sie festhängen. Das sind ideale Voraussetzungen, um auf einem anderen Weg wieder zurückzukommen und einen neuen Ansatz zu finden.

Ich selbst bin ja nicht so ein Büromensch, aber ein Freund, der viel am Schreibtisch sitzt, hat mir erzählt, dass er auch seine »Papiere in Bewegung bringt«. Das heißt, dass er an kniffligen Stellen in Entscheidungsprozessen manchmal einfach seine Papiere neu ordnet. Er hält das für eine Unterstützung der verstandesmäßigen Leistung des Einteilens und Bewertens. Dabei sortiert er auch aus, was überholt ist oder irrelevant. Er schafft auf diese Weise optisch einen Freiraum – und geistig auch.

TOP 10
Teilen Sie sich mit.

Rationale Argumente erleichtern die Kommunikation. Es ist nicht nur für Sie selbst gut, wenn Sie eine Sache von allen Seiten beleuchtet haben und Ihre Entscheidungen rational begründen können. Es hilft auch dabei, eine Entscheidung bei anderen durchzusetzen bzw. die Unterstützung anderer zu gewinnen. Sie können Ihr Team oder Ihre Familie besser in Entscheidungen einbinden, wenn Sie ihnen die Möglichkeit geben, Ihre Entscheidung nachzuvollziehen. Und dafür eignen sich Fakten und Argumente nun mal besser als Gefühle. Wenn Sie bei einer Präsentation nur sagen: »Also, ich weiß nicht, irgendwie macht mich das nicht glücklich«, dann haben Sie mit Sicherheit weniger Erfolg, als wenn Sie erläutern: »Ich halte das Risiko für zu hoch, weil wir uns noch nicht genügend mit den Folgekosten beschäftigt haben.«

Es heißt nicht, dass Sie Ihr Gefühl oder Ihre Intuition gänzlich ignorieren sollten. Wir haben ja schon gesehen, wie nützlich sie ist. Nur meine ich, dass man versuchen sollte, der Ursache eines Gefühls auf den Grund zu gehen (auch für sich selbst), damit es mitteilbar wird. Selbst wenn das auf Anhieb nicht perfekt gelingt, kann man doch meistens die Richtung feststellen. Auch das macht es den Partnern bereits leichter, Ihnen zu folgen. Erst recht, wenn Sie sie »typgerecht« ansprechen, also je nachdem eher gefühlsorientiert oder betont sachlich.

Wenn Sie in der Lage sind, Ihre Entscheidungsgrundlagen mitzuteilen, eröffnen Sie sich damit auch bessere Kontrollen Ihrer Entscheidungen. Denn nur durch die Darstellung Ihrer Entscheidungsgrundlagen ist es möglich, dass Ihre Kollegen oder alle sonstigen von einer Entscheidung Betroffenen Fehler oder Unzulänglichkeiten in Ihrer Argumentation erkennen und benennen – natürlich vorausgesetzt, dass Ihre Partner und Sie ein offenes und vertrauensvolles Verhältnis pflegen. Wenn das Klima so schlecht ist, dass sich keiner traut, etwas zu kritisch zu kommentieren, dann haben Sie zwar Ruhe, treffen aber wahrscheinlich nicht die bestmöglichen Entscheidungen.

Zusammengefasst: Entscheidungen fallen nicht vom Himmel, sondern sind Ergebnis mehr oder weniger harter Arbeit. Es gibt einige Methoden, mit denen es Ihnen leichter fällt, die einzelnen Schritte auf dem Weg zu einer Entscheidung voneinander zu trennen und sich ihrer bewusst zu werden. Sie dienen dazu, einen Ausgleich zwischen Intuition und rationaler Argumentation zu finden und Entscheidungen nachvollziehbar zu machen. Doch alle Theorie bleibt grau, da sich weder Gefühl noch Verstand im luftleeren Raum entwickeln, sondern auf erlebten Stoff angewiesen sind. Gute Entscheidungen bauen auf Erfahrungen. Und mit denen beschäftigen wir uns im folgenden Kapitel.

Die Top Ten des Verstands auf einen Blick

TOP 1 Definieren Sie ehrgeizige Ziele.

TOP 2 Verknüpfen Sie Erfolg nicht mit Triumph, sondern mit Freude.

TOP 3 Lassen Sie zu, dass Ihnen Ziele gesetzt werden.

TOP 4 Sammeln Sie die Fakten.

TOP 5 Achten Sie darauf, Ihr Ziel im Auge zu behalten.

TOP 6 Suchen Sie nicht immer nach der optimalen Lösung, sondern nach der angemessenen.

TOP 7 Konzentrieren Sie sich auf das Wesentliche.

TOP 8 Ändern Sie die Perspektive.

TOP 9 Sorgen Sie für Bewegung.

TOP 10 Teilen Sie sich mit.

Kapitel 3

DIE ERFAHRUNG

Warum Sie besser entscheiden, wenn Sie viel erlebt haben

»No risk, no fun«

Volksweisheit

2. April 2003. Ich leite das Spiel England – Türkei in Southampton. Es ist das entscheidende EM-Qualifikationsspiel. Alle Beteiligten sind entsprechend nervös. David Beckham ist Kapitän der englischen Nationalmannschaft. Von Beginn des Spiels an ist er extrem aggressiv, lässt sich permanent provozieren und ist irgendwie nicht er selbst. Ich erkenne ihn kaum wieder. Normalerweise ist David Beckham ein besonnener, geradezu introvertierter Spieler, aber in dieser Begegnung wirkt er wie verwandelt.

Gerade hat er seinen Wechsel von Manchester United zu Real Madrid bekannt gegeben. In den englischen Medien wird er deswegen unglaublich attackiert und beschimpft. Sein Trainer bei Manchester, Alex Ferguson, hat ihn öffentlich kritisiert und gemeint, dass es mit seinen Fähigkeiten nicht so weit her sei, wie gern angenommen. Die Medien schlagen in dieselbe Kerbe und bezweifeln, dass er der Richtige als Kapitän der Nationalmannschaft sei.

In dieser Situation kommt David Beckham auf das Spielfeld. Er ist wie eine Bombe kurz vor der Explosion. Er will der ganzen Welt beweisen, dass er ein richtiger Kämpfer und ein toller Fußballspieler ist. Die Türken haben das natürlich sofort mitbekommen und ihn von Anfang an nach Kräften provoziert.

Ihre Taktik funktioniert einwandfrei. Beckham geht in die Zweikämpfe rein, dass die Fetzen fliegen. Ich versuche ihn zu beruhigen, spreche mit ihm, aber es ist ganz deutlich: Das ist nicht der Beckham, den ich kenne. Ich merke, dass er überquillt vor negativer Energie. Ein- oder zweimal habe ich ihn schon ermahnt, aber nichts half. In der neunten Minute dann zeige ich ihm die Gelbe Karte und brülle ihn an: »Noch ein Mal eine solche Aktion und du fliegst vom Feld. Mir ist vollkommen egal, was dann mit dir passiert, ich sage dir nur: Wenn du dich nicht anständig benimmst und ordentlich spielst, schmeiß ich dich raus. Merkst du nicht, dass es genau das ist, was die Türken wollen? Willst du ihnen den Gefallen tun und das Spiel auf der Tribüne erleben? Reiß dich zusammen!«

Warnsignale rechtzeitig geben

David Beckham ist an sich ein Spieler, den man selten verwarnen muss, weil er sehr diszipliniert und intelligent agiert. Deshalb fiel es mir nicht ganz leicht, zu diesem Mittel zu greifen. Die Gelbe Karte ist ein heikles Instrument, das man dosiert einsetzen muss. Sie ist eine massive Warnung, die Vorstufe vor der Roten Karte und insofern sehr nützlich für den Spieler, denn sie sagt ihm, dass der Schiedsrichter ihn besonders genau beobachtet und nichts durchgehen lässt. Zuweilen aber bringt eine Gelbe Karte viel Unruhe in das Spiel, daher kann es manchmal besser sein, großzügig über etwas hinwegzuschauen. Bei Beckham war der Punkt jedoch überschritten. Ich habe ihm die Gelbe Karte gezeigt und es seinem Gesicht angesehen, dass er geradezu aufwachte. Es hat mich ganz groß angeschaut und kurz genickt. Danach war Ruhe, die Türken konnten ihn nicht mehr aus der Fassung bringen. England gewann mit 2 : 0.

Nach dem Spiel kamen sofort die englischen Verantwortlichen zu mir und bedankten sich, weil ich Beckham vor einer großen Dummheit bewahrt hatte. Sie waren überzeugt, dass er schon in der ersten Halbzeit vom Platz geflogen wäre, wenn ich ihm nicht die Gelbe Karte gezeigt hätte. Sie waren froh, dass ich ihn vor sich selbst geschützt hatte.

Erfahrungen bilden den Kontext für aktuelle Erlebnisse

Was zeigt diese Episode? Ich erzähle sie gern, sie ist beispielhaft dafür, welchen unschätzbaren Wert unsere Erfahrungen im Hinblick auf neue Situationen darstellen. Ich hatte schon mehrere Spiele mit Beckham geleitet und konnte auf meine Erfahrungen mit ihm zurückgreifen. Sein Verhalten in diesem Spiel war absolut untypisch, passte einfach nicht zu ihm.

Ich hatte ihn erlebt als fairen, rücksichtsvollen Spieler. Ansonsten hätte ich ihn vermutlich mit den notorischen Rüpeln in einen Topf geworfen und nicht so in dieser Form mit ihm kommuniziert. Meine Erfahrung hat mir also geholfen, die Situation zu überschauen und positiv zu wandeln.

Über Erfahrungen zu verfügen ist essenziell für sichere Entscheidungen und kluge Entscheidungen, die weniger Kraft kosten und tragfähig sind. Zu den Erfahrungen gehört vieles: das sinnliche Erleben der Außenwelt, das Fehlermachen, die Schuldeingeständnisse, das Ausprobieren und noch eine Menge mehr. In diesem Kapitel geht es um alle diese Aspekte. In manchen Abschnitten kommt der Begriff »Entscheidung« gar nicht vor. Aber da das Entscheiden so sehr mit der Persönlichkeit verknüpft ist, spielt das Spektrum der Erfahrungen dafür eine große Rolle. Sie gehören zu den Grundlagen der Entscheidung. Werden Sie sich darüber klar, wie Sie sich Erfahrungen gegenüber verhalten: Suchen Sie sie oder vermeiden Sie sie lieber? Ist Letzteres der Fall, dann möchte ich Sie ermutigen, sich etwas Neuem und Unbekanntem zuzuwenden und so viele Erfahrungen wie möglich zu sammeln. Und zwar aus folgenden Gründen:

1. **Erfahrungen erweitern Ihren Vorstellungsraum.**
   Das hilft Ihnen, die Dimensionen einer Entscheidung schneller und besser zu erfassen.

2. **Erfahrungen tragen dazu bei, Optionen auszuschließen, also herauszufinden, was sachlich angemessen und für Sie persönlich richtig ist.**

3. **Erfahrungen lehren Sie, besser mit Fehlern umzugehen, mit Ihren eigenen und mit denen der anderen. Das erhöht Ihre Souveränität im Umgang mit neuen Situationen.**

In diesem Kapitel lesen Sie,
– dass Suchen die Voraussetzung für Erkennen darstellt, es also per se nichts Schlechtes ist, wenn Sie verschiedene Dinge ausprobieren,
– dass man sich und anderen, vor allem jüngeren Menschen, mehr zutrauen kann, als man glaubt, und deshalb vor

Erfahrungen keine Scheu haben sollte,
- dass Fehler zu machen keine Schande ist, sondern eine absolut notwendige und nützliche Erfahrung ist,
- dass man für seine Fehler die Verantwortung übernehmen muss – und manchmal auch für die anderer Menschen,
- dass man vermeiden sollte, aus Erfahrung »dumm« zu werden.

TOP 1
Nutzen Sie Erfahrungen, um Ihre Möglichkeiten zu entdecken.

Was ist eigentlich Erfahrung? Kurz gesagt: die Begegnung mit der Realität. Das Erleben von Situationen, Menschen in bestimmten Lebenslagen, fremden Orten, anderen Verhaltensweisen, neuen Gerüchen, nie gehörten Geräuschen und vielem mehr. Das Wesentliche besteht meiner Ansicht nach darin, dass man es selbst und sozusagen live erlebt. Das heißt, Erfahrungen aus der Literatur oder virtuellen Welten führen nicht zum selben Ergebnis. Die »Erfahrungen«, die man dort machen kann, sind vorbereitet, sogar gesteuert. Und sie finden eben nur im Kopf statt, während die richtigen Erfahrungen den ganzen Menschen umfassen: Körper, Geist und Seele.

Ob die beliebten und teuren Survival- und Extremtrainings für Führungskräfte die täglichen Erfahrungen ersetzen können, entzieht sich meiner Kenntnis. Erfahrungen lassen sich meiner Ansicht nach aber nicht mal so eben in verdichteter Form in einer Woche machen. Sie müssen kontinuierlich aufgebaut werden, und sie speisen sich in der Menge nicht aus den Extremen, sondern aus dem Alltäglichen.

Verwechseln Sie Erfahrungen auch nicht mit einem guten Gedächtnis. Erfahrungen sind etwas ganz anderes als das Bewahren und Wiederabspulen von Daten oder Zahlen oder Begebenheiten. Es gibt Menschen, die erinnern sich an Millionen von Einzelheiten in ihrem Lebensweg, können aber trotzdem als unerfahren gelten. Weil sie das Erlebte nicht in ihr Leben integrieren konnten, der Mut zu Rückschlüssen fehlte oder der Verdrängungsmechanismus sie überlistet hat. Es erinnert mich ein wenig an einige Historiker, die zwar lauter Zahlen und Namen bestimmter Epochen im Kopf haben, aber zu den aktuellen politischen Entwicklungen keine Aussagen treffen können, weil sie die Muster nicht erkennen. Erfahrungen lassen uns reifen, sie lösen sich vom erinnerten Ereignis und bilden das Fundament, neue Erfahrungen zu machen. Ihre Intuition lebt davon, dass Sie sie mit Erfahrungen füttern, wie Sie ja schon im ersten Kapitel gesehen haben. So sehen Sie das Leben immer wieder mit neuen Augen.

Ohne Praxis läuft nichts

Erfahrungen verändern einen Menschen, manchmal sehr deutlich wahrnehmbar, in anderen Fällen eher unmerklich. Das ist aber kein mechanischer Prozess im Sinn von: Man steckt oben eine Erfahrung rein und unten kommt etwas anderes heraus. Eine gemachte und reflektierte Erfahrung füllt den Menschen nicht, sondern öffnet ihn, macht ihn aufnahmefähiger für Neues, für die Bewältigung von Unerwartetem. Erfahrungen machen dient dem Ausschluss von Optionen, die aus diesem oder jenem Grund nicht für einen in Frage kommen. Ein Problem besteht allerdings darin, dass man schnell als unstet oder entscheidungsschwach abgestempelt wird, wenn man nicht gleich beim ersten Versuch sagen kann: Das ist es. Und wenn man noch eine zweite oder gar dritte Sache ausprobieren möchte, heißt es schnell: Sieht aus, als ob der Junge nichts durchhält!

Häufig schlecht angesehen: die Suche nach dem Richtigen

Ich kann aus eigener Erfahrung bestätigen, dass es nicht naturgegeben ist, von vornherein zu wissen, was das Richtige für einen selbst – geschweige denn für andere – ist. Aber die Talente gehen seltsame Wege, um sich bemerkbar zu machen. Ich wollte immer Fußballer werden. Ich hatte nichts anderes im Kopf als Fußball, Fußball, Fußball. Mein Vater hasste Fußball und keiner meiner Freunde spielte Fußball, also wusste ich selbst nicht so recht, woher meine Neigung kam. Auf jeden Fall durfte ich nicht in den Fußballverein; mein Vater wollte, dass ich Mitglied im Turnverein würde. Also bin ich eingetreten und war insgesamt sieben Jahre dabei. Mit Eifer und so gut ich konnte. Bei uns gab es damals so eine Art Schärpen, die man auf den Sport- und Gemeindefesten trug und auf der die Fleißkreuzchen angeheftet waren. Diese Kreuzchen gab es, wenn man weniger als dreimal im Jahr gefehlt hatte. Ich bekam jedes Jahr mein Fleißkreuzchen. Ich war also sehr beständig. Ich wurde bei den Turnern auch gefördert und war sogar in der Regionalauswahl.

Aber letztlich führte kein Weg an der Erkenntnis vorbei: Mir fehlten die Begabung und die Kraft, um ein wirklich guter Turner zu werden.

Wettbewerb klärt

Als ich das eingesehen hatte, begann das Suchen nach einer neuen Sportart (wie gesagt, eigentlich wollte ich Fußballer werden), und ich trat in den örtlichen Sportschützenverein ein. Im Schießen war ich wirklich gut, ich war begabt, präzise, ausdauernd, konzentriert. Es gab aber ein Problem: Ich hatte einen Vereinskollegen, der war immer zwei, drei Punkte besser als ich. Wenn ich 94 Punkte hatte, bekam er 96. Wenn ich 97 hatte, bekam er 99. Der war einfach immer besser, ich konnte machen, was ich wollte. Da habe ich mir gesagt: Wenn schon der immer besser ist als ich und das ja nur bei uns im Dorf, dann komme ich nie an die Spitze!

Ich wusste allerdings zu diesem Zeitpunkt noch nicht, dass er später mehrfacher Schweizer Meister werden würde und an den Olympischen Spielen teilnahm. Er war das Supertalent, eine Ausnahmeerscheinung. Aber genau den hatte ich als Konkurrenten. Und seinetwegen habe ich dann aufgehört. Wahrscheinlich wäre ich im Schießsport ganz gut geworden, aber mit ihm im Verein ging es für mich halt nicht. Vielleicht habe ich ihm geholfen, indem ich ihn zu Höchstleistungen getrieben habe. Jeder nutzt halt jedem, irgendwie.

Aber zumindest war mir auch klar geworden, dass ich eine Sportart brauchte, in der ich mich viel bewegen konnte. Also trat ich, auch weil meine Freunde dort aktiv waren, in den Basketballverein und in den Handballverein ein und spielte dort, so gut ich konnte.

Letztlich half aber alles nichts, ich wollte zum Fußball. Irgendwann war es so weit, und ich habe mich gegenüber meinem Vater nicht mehr gerechtfertigt, sondern es einfach

Nützt oft auch anderen: persönlicher Ehrgeiz

gemacht. Dem ging aber voraus, dass ich meinen Turnverein brüskierte. Es gab in unserem Dorf zwei Turnvereine: den ETV, Eidgenössischer Turnverein, man könnte auch sagen evangelischer Turnverein, weil hier fast ausschließlich Protestanten bzw. Reformierte Mitglied waren. Und auf der anderen Seite war der katholische Turnverein, der KTV hieß. Ich war beim ETV, weil ich evangelisch war. Das Problem: Die hatten kein Trampolin. Ich war sechs Jahre im ETV und dann überzeugt, dass ich ohne Trampolin als Kunstturner nicht mehr weiterkam. Und da der ETV keins hatte, musste ich eben in den KTV.

Nicht einschüchtern lassen

Wenn Sie vom Land kommen, wissen Sie, was es heißt, wenn man gegen die eisernen Regeln und gegen jahrzehnte- oder sogar jahrhundertealte Strukturen anrennt. Für alle, die nicht vom Land sind: Es gab einen Riesenärger! Einen geradezu bombastischen Krach! Weil man das nicht machte und weil es das vorher noch nicht gegeben hatte usw. usf.

Das Allerdümmste aber war, dass ich im KTV relativ schnell gemerkt habe: Auch Trampolin war nicht meine Sportart. Also im Grunde ein unheimlicher Aufruhr für ein mageres Ergebnis bzw. gar nichts.

Da dachte ich: Jetzt ist sowieso schon alles egal, also kann ich auch in den Fußballverein gehen. Alles andere hatte ja offensichtlich sowieso keinen Zweck.

Nun muss man wissen, dass in unserem Dorf Fußball keine angesehene Sportart war. Wir hatten zwar einen Verein, aber in den kamen quasi nur die Jungs aus den umliegenden Dörfern. In meinem Dorf, in Würenlos, galt Fußball als Sport für die Unterschichten. Man machte das nicht. Jetzt war jeder auf mich sauer: mein Vater, der ETV und der KTV und alle anderen auch. Ich war damals zwölf oder 13 Jahre alt und der Druck war außerordentlich. Ich tat zwar cool, aber insgeheim war mir schon etwas bange. Ich spielte mit Leidenschaft und Herzblut, aber für eine große, internationale Karriere reichte das nicht. Meine Erfahrung aber und die Kenntnis meiner Fähigkeiten wiesen mir den Weg und führten mich heran an meine wirkliche Begabung und das Gefühl der Berufung: Ich, Urs Meier, werde Schiedsrichter.

Ich bin schnell, habe ein wachsames Auge, erfasse rasch auch komplexe Situationen, und mein Herz schlägt für Gerechtigkeit. Für jeden Außenstehenden war ich sicher der unverbesserliche Chaot, auf dem Blindflug durchs Leben. Aber, sagen Sie es mir, wie hätte ich herausfinden sollen, wo meine Stärken und Schwächen liegen. Wäre es besser gewesen, sich mit der Mittelmäßigkeit eines Turners oder Schützen abzufinden? Nein! Ich wollte mehr, mehr von mir und von meinem Leben. Ich wollte an die Spitze.

TOP 2
Gönnen Sie sich Umwege.

Diese mühsamen Umwege waren nötig, um alles prinzipiell ebenfalls in Frage Kommende als nicht hinreichend auszuschließen. Dass mein Vater mich in den Turnverein schickte, war eher seinem eigenen Jugendtraum geschuldet, Turner zu werden, als dass ich für diesen Sport besonders geeignet gewesen wäre. Basketball, Handball – das habe ich gemacht, weil meine Freunde im Verein spielten. Kurzum, keine dieser Erfahrungen war entbehrlich, auch nicht der Ärger und der Druck. Sie alle führten dazu, dass ich am Ende wirklich ganz sicher sein konnte: Ich will Schiedsrichter im Fußball werden und sonst nichts. Das ist das, was mir am meisten liegt und wofür ich die besten Voraussetzungen mitbringe. Dafür sind Erfahrungen nützlich. Sie klären das Feld und filtern das heraus, womit man sich am wohlsten fühlt.

Die Lust, Erfahrungen zu sammeln, bringen wahrscheinlich alle Menschen mit auf die Welt. Es ist aber für viele schwierig, sich diese Lust zu erhalten. Wir treiben es unseren Kindern ja geradezu aus mit unserer Vorsicht und unserer perfekten Organisation. Das ist natürlich kein böser Wille, aber diese Risikoscheu, die in frühen Phasen vermittelt wird, lässt sich nur schwer wieder korrigieren. Es gibt Grundschüler, denen der Zusammenhang zwischen Apfelbaum und Apfel nicht mehr bekannt ist, weil sie stets nur geschälte, entkernte und sonst wie zubereitete Apfelstücke von der Mutter bekommen. Ein solcher Abstand zur Natur und damit letztlich zu den Grundlagen unseres Lebens ist nicht ausschließlich darauf zurückzuführen, dass für die vielen Stadtkinder die Apfelbäume nicht unmittelbar vor der Tür stehen. Mir scheint es so, dass der Bezug zur Außenwelt und zum Erfahrungsraum hier von Anfang an vollständig verstopft wird. Wie das ausgehen wird, mag man sich gar nicht ganz genau vorstellen.

Bei meinen eigenen Kindern war ich immer davon überzeugt, dass man ihnen sehr viel zutrauen kann. Ich vertrat stets die Ansicht: Lass sie laufen, lass sie selbständig ihre

Wird schnell erstickt: die Lust, Erfahrungen zu machen

Angelegenheiten regeln. Ich konnte zum Beispiel nicht verstehen, warum einige Eltern ihre Kinder am ersten Schultag nicht allein zur Schule laufen ließen. Am zweiten oder dritten Tag würden sie das sowieso machen, also warum nicht auch am ersten Tag?

Was Fürsorge mit Kontrolle zu tun hat

Ich habe gelesen, dass in Deutschland noch in den 1970er-Jahren 91 Prozent der Erstklässler allein oder mit anderen Kindern zur Schule gingen. Heute sind es nur noch knapp 50 Prozent, die ohne Eltern oder andere Erwachsene unterwegs sind. Natürlich hat der Verkehr zugenommen, das Leben ist schneller und gefährlicher geworden. Doch abgesehen von allem anderen: Der Verkehr nimmt noch mehr zu, wenn Eltern ihre Kinder mit dem Auto in die Schule bringen. Aber wirklich entscheidend ist doch, dass das, was auf den ersten Blick wie eine Hilfe aussieht, in Wahrheit einen starken Einschnitt in die Mobilität der Kinder darstellt, den sie mit einem Mangel an Erlebnissen und Eigenständigkeit bezahlen müssen. Und das macht sie nun wahrlich nicht fit dafür, ihre Fähigkeiten genau einzuschätzen und mit neuen Situationen adäquat umzugehen.

Darüber hinaus nimmt man den Kindern mit zu viel Fürsorge oft die Möglichkeit, stolz auf sich zu sein. Man enthält ihnen das tolle Gefühl vor, ein Abenteuer bestanden zu haben, eine schwierige Situation meistern zu können. Ich erinnere mich noch, wie wir mit unseren Kindern in Deutschland Ferien gemacht haben, am Schluchsee. Wir waren irgendwo in einer Gartenwirtschaft, und ich habe den

Kindern Geld in die Hand gegeben und gesagt: Geht nach vorn zum Gasthaus und bestellt euch das, was ihr wollt. Die Kinder waren noch sehr klein und sprachen auch kein Deutsch. (Für alle Nicht-Schweizer: Wir sprechen tatsächlich nicht deutsch, sondern Schweizerdeutsch, das sind zwei ganz unterschiedliche Dinge.) Aber ich war überzeugt, sie würden es schaffen. Es konnte ja auch nicht viel schiefgehen. Wenn's gar nicht klappte, würden sie halt einfach wieder zurückkommen. Die Kinder sind also da hinmarschiert und kamen nach einer Weile mit Mineralwasser und einer Wurst zurück. Ich erinnere mich noch genau, wie stolz die beiden auf sich waren und wie viel es ihnen bedeutete: Sie waren einfach glücklich, weil sie sich bewährt hatten und weil ihnen bewusst geworden war, was in ihnen steckte. Und das war eben genau das Entscheidende: einfach machen lassen, dass sie merken, wie gut sie unter ungewöhnlichen Bedingungen zurechtkommen.

Erfahrungen vermitteln Selbstbewusstsein

Wir haben auch früh die Kinder allein in der Wohnung gelassen. Ich wusste ja, dass die Nachbarn in der Nähe waren und die Kinder im Notfall telefonieren konnten. Außerdem hatten wir die Wohnungstür so konzipiert, dass man sie nicht mit einem Schlüssel aufmachen musste, sondern mit einem Drehmechanismus öffnen konnte, sodass sie im Fall einer Gefahr auch wirklich hätten hinauslaufen können. Natürlich kann man sagen, wenn es im Treppenhaus brennt, dann nützt auch diese Tür nichts. Aber man kann einfach nicht für jeden möglichen Fall planen. Und der Übergang von elterlicher Fürsorge zur weitreichenden Kontrolle der Kinder ist fließend. Ich glaube, dass die Motive vieler Eltern in dieser Hinsicht nicht ganz lupenrein sind. Es ist ihnen möglicherweise gar nicht bewusst, aber der Effekt ist schließlich derselbe: Wenn man die Kleinen in den Mantel seiner Fürsorge einhüllt, weiß man auch immer ganz genau, wo sie sich gerade befinden und was sie machen.

Weit verbreitet: die Angst vor Kontrollverlust

Dieses arg ausgedehnte Kümmern hat meiner Ansicht nach auch wesentlichen Anteil daran, dass viele erwachsene Menschen Angst vor Erfahrungen haben: Sie fürchten, die Kontrolle zu verlieren. Das ist natürlich eine denkbar schlechte Voraussetzung für Entscheidungssituationen. Kontrollverlust ist für viele »starke« Persönlichkeiten das Allerschlimmste, was ihnen passieren kann. Und je weniger Erfahrung sie damit haben bzw. zulassen, umso schwieriger wird es für sie und umso weniger Spielraum bleibt ihnen, um frei entscheiden zu können. Deshalb plädiere ich dafür: Suchen Sie Situationen, in denen Sie in unbekannte Gefilde müssen – sei es durch Reisen, neue Kontakte, fremde Wissensgebiete. Weichen Sie nicht aus, sondern begeben Sie sich absichtlich hinein. Sie werden merken, dass es gar nicht schlimm ist. Sie werden es nach einer Weile sogar gern tun, ganz bestimmt. Und machen Sie es mit Bewusstsein, rekapitulieren Sie Ihre Erfolge auf dem Weg zu mehr Erfahrungen und besseren Entscheidungsgrundlagen.

Ich benutze während der Vorbereitung unserer Schiedsrichter und Assistenten ein ganz bestimmtes Bild, um ihnen meine Sicht der Dinge näher zu bringen, und vielleicht wird es auch zu Ihrem Begleiter, auf Ihrem Weg: Stellen Sie sich vor, Sie tragen einen leeren Rucksack auf Ihrem Rücken. Am

Anfang jedes Lebens, am Anfang jeder Karriere, ist er leer, unser Rucksack an Erfahrungen. Sie brauchen aber für die Strecke, die vor Ihnen liegt, einen gut gefüllten Rucksack. Also, machen Sie sich auf den Weg, um Erfahrungen zu sammeln und Ihren Rucksack zu füllen. Er bietet Ihnen die Möglichkeit, aus ihm zu zehren, ohne ihn zu verbrauchen oder ihn gar ganz zu leeren. Er wird auch nicht schwerer, sondern leichter. Probieren Sie es aus und lassen Sie sich überraschen.

Unerschöpflich: ein großer Rucksack an Erfahrungen

Natürlich werden Sie Fehler machen. Ohne das geht es gar nicht. Nur: Was ist so schlimm daran? Dass man sich blamiert? Dass man den anderen Gelegenheit gibt, sich schlauer zu fühlen? Dass man Geld verliert? Dass man einen riskanten Weg einschlägt? Dass man scheitert? Ja, das kann alles passieren. Es kann Vieles auf vielerlei Weise schiefgehen. Nur: Echte, fundamentale Katastrophen sind relativ selten und deren Verhinderung steht sowieso kaum in Ihrer Macht. Deshalb sollten Sie schauen, dass Sie für den Normalfall besser gerüstet sind. Und das gelingt Ihnen nur, indem Sie Erfahrungen sammeln und dabei auch Fehler machen.

TOP 3
Machen Sie Fehler.

Ich weiß natürlich, dass Fehler nicht sehr gern gesehen werden und dass es einer ordentlichen Portion Mutes bedarf, um sich über diese Hürde hinwegzusetzen. In Deutschland ist das Fehlermachen besonders gering geschätzt. Mir ist nicht ganz klar, wieso. Vielleicht weil der Hang zur Perfektion doch sehr ausgeprägt ist, was die Angst vor Fehlern erhöht.

Aber: Es bringt nichts, aus Angst vor Fehlern das Agieren einzustellen und immer auf Nummer Sicher zu gehen. Bei dieser Methode kommt nichts Neues zustande. Und letztlich kann man sich weder als Individuum noch als Unternehmen leisten, auf das kreative Potenzial seiner selbst oder von Mitarbeitern zu verzichten, nur damit keine Fehler gemacht werden. Selbst die Wirtschaftswissenschaftler haben das mittlerweile – zumindest teilweise – erkannt. Doch in vielen Betrieben ist diese Botschaft noch nicht angekommen.

Ich habe gelesen, dass die »Verweildauer« eines Vorstandschefs in einem deutschen börsennotierten Unternehmen im Schnitt 2,5 Jahre beträgt, wenn er einen Fehler macht oder wenn ihm nachgesagt wird, dass er einen gemacht hat. Ist er fehlerfrei, und hat er damit wahrscheinlich wenig Entscheidungsfreude gezeigt, bleibt er 6,5 Jahre. Die von Aufsichtsräten durchgesetzten Rücktritte bzw. Entlassungen haben in den letzten zehn Jahren um 300 Prozent zugenommen. Auf eine knappe Formel gebracht: Die Leute fliegen raus, wenn sie Fehler machen.

Nun könnte man ja sagen: Prima, die Kontrollen funktionieren; das dient der Sicherheit und der Innovation. Nur liegt darin mit größter Wahrscheinlichkeit ein Denkfehler. Denn was ist mit den Unternehmen, die keinen Aufsichtsrat haben? Was ist mit den familien- oder inhabergeführten Betrieben, in denen es keine solchen Kontrollgremien gibt? Verursachen diese Unternehmen mehr Fehler oder sogar Katastrophen? Gehen sie schneller pleite und sind sie weni-

Angst, Fehler zu machen, behindert die Kreativität

ger erfolgreich im Erschließen neuer Märkte? Soweit ich weiß, sind sie im Allgemeinen nicht schlechter. Wer nach zweieinhalb Jahren fliegt, hat keine Zeit, aus einem Fehler zu lernen. Er hat keine Zeit, daraus klug zu werden und Nutzen aus falschen Entscheidungen zu ziehen. Und wenn man jemandem diese Zeit nicht einräumt, dann sind selbst seine zweieinhalb Jahre für das Unternehmen reine Verschwendung gewesen.

Deutsche Fehlerkultur: mangelhaft

Man hat Untersuchungen durchgeführt, wie verschiedene Länder mit den Fehlern umgehen, die Menschen im Unternehmen – oder anderswo – machen. Es sind 61 Länder analysiert worden, und die traurige Wahrheit ist, dass Deutschland auf dem vorletzten Platz liegt. Danach kommt nur noch Singapur. Die Niederlande haben auch nicht viel besser abgeschnitten. Hintere Plätze bedeuten, dass in diesen Ländern das Einräumen von Unzulänglichkeiten schlecht fürs Image ist und es keine Atmosphäre gibt, in der man sachlich und ohne Angst über seine gemachten Fehler sprechen kann. Der Umgang mit Fehlern ist nicht konstruktiv, sondern von Verachtung geprägt, Sanktionen aller Art werden rasch eingesetzt. Da fällt es dem Einzelnen besonders schwer, das Risiko einzugehen, Erfahrungen zu machen und Entscheidungen zu treffen, die nicht hundertprozentig abgesichert sind.

Dringend erforderlich: positiver Umgang mit Fehlern

Bitte verstehen Sie mich nicht falsch: Das ist kein Aufruf, fünf gerade sein zu lassen und sich aus der Verantwortung zu stehlen mit dem Satz auf den Lippen: »Irren ist doch menschlich.« Das ist zwar eine Tatsache, aber noch keine Erklärung oder Entschuldigung. Es gibt ja auch Branchen, da darf man sich keinen Fehler aufgrund von Laxheiten erlauben, beispielsweise in einem Atomkraftwerk. Nur: Es liegt in der Natur jeder von Menschen gemachten Sache, dass Fehler passieren. Und die einzige Möglichkeit, Fehler in Schach zu halten, ist eine Atmosphäre, in der sich jeder traut zu sagen, dass er falsch lag – und damit Schlimmeres verhütet.

Der Begriff vom lernenden Unternehmen geht den meisten Managern zwar ganz flüssig über die Lippen. Aber die Realität ist eine andere. Noch immer ist es keineswegs willkommen, wenn einen jemand auf Fehler aufmerksam macht. Schon gar nicht, wenn er in der Hierarchie unter einem steht. Fragen Sie sich doch einmal selbst: Wann hat Ihnen das letzte Mal jemand gesagt, dass Sie dabei sind, einen Fehler zu machen? Wann haben Sie Ihren Vorgesetzten auf einen Missstand aufmerksam gemacht, an dessen Zustandekommen er beteiligt war?

Fehler zugeben schafft Freiräume

Erst ein Fehler, der nicht kommuniziert wird, ist gefährlich – für die anderen und für einen selbst. Denn der Fehler verschlimmert sich, weil Ihre Kollegen annehmen, dass alles in Ordnung ist und sie nichts anderes tun müssen als sonst. Und für Sie selbst ist ein verschwiegener Fehler auch schlecht, weil er größer wird, als er in Wirklichkeit ist.

Er nimmt Dimensionen an, die der ursprünglichen Sache gar nicht mehr entsprechen. Er raubt Ihnen Energie und er schränkt Ihren Bewegungsspielraum ein, weil Sie sich in manche Regionen nicht mehr trauen und bestimmte Begegnungen scheuen.

Vielleicht denken Sie jetzt: In der Theorie gut und schön, aber in der Praxis geht das nicht. Da kann ich nur sagen: Es geht schon, es ist nur manchmal nicht ganz einfach. Aber je öfter man es tut, desto leichter fällt es einem. Ich habe als Schiedsrichter ja auch Fehlentscheidungen getroffen. Egal, wie gut man vorbereitet ist und wie sehr man sich bemüht, es kommt zu Fehlern oder zu ungünstigen Situationen, in denen man mit seiner Entscheidung einfach daneben liegt. Doch je länger Sie nach einem Fehlentscheid warten, desto schlechter. Sie müssen darüber sprechen, es muss gemeinsam nachbereitet werden. Einen nicht aufgeklärten Fehler machen Sie im Kopf noch größer, als er ohnehin schon ist. So etwas kann Sie schier erdrücken.

Fehler nicht verdrängen, sondern sofort klären

1999 leitete ich das Champions-League-Spiel Arsenal London gegen FC Barcelona im Wembley-Stadion. Und in der Partie habe ich einen kapitalen Fehler gemacht. Ich habe einen Elfmeter gegen Tony Adams gegeben, einen der fairsten Spieler überhaupt. Es stand 0:0 und Cocu, der Stürmer von Barcelona, unternahm einen schnellen Angriff bis in den Strafraum vor dem englischen Tor. Tony Adams machte einen Ausfallschritt und Cocu flog über ihn weg. Von meiner Position aus war es ein klares Foul, also Elfmeter, und ich verwarnte Adams. Doch der sagte: »Das war kein Elfmeter, ich habe ihn nicht berührt.« Er ging sogar zu Cocu und bat ihn, dass er mir das bestätigen möge. Doch Cocu lehnte ab und blieb dabei, dass Adams ihn gefoult habe.

Tony Adams war ein so fairer, ehrlicher Spieler. Ich hätte wissen müssen, dass er gar nicht lügen kann. Und ich stand da und dachte: Mist, habe ich mich da wirklich so geirrt? Ich war felsenfest überzeugt gewesen, das war geradezu zweihundertprozentig klar, dass Adams gefoult hatte. Also Gelbe Karte und Elfmeter. Und er stand nur da und sagte: »Ich habe ihn nicht berührt.« Es geschah etwas für mich Ungewöhnliches: Meine Zweifel verstärkten sich. Aber auch die Menschen im Stadion und die anderen Spieler haben nicht reagiert, für alle war das klar. Das war das 1:0 für Barcelona, und Arsenal hat letztlich 2:4 gegen die Katalanen verloren.

Nach dem Spiel passierte auch nichts. Wir gingen vom Platz und es kam weder eine Reaktion von den Zuschauern noch von den Trainern. Nichts. Eine halbe Stunde später, unsere Garderobe stand noch offen, ging der Arsenal-Coach Arsène Wenger vorbei und sagte: »Kein Elfmeter.« Nicht mehr und nicht weniger. Kein Elfmeter. Mir wurde ganz anders.

Anschließend fuhren ein paar Kollegen und ich in ein Restaurant. Während wir dort saßen, wurde im Fernsehen das Spiel noch einmal gezeigt. Da, die entscheidende Szene. Ich starrte wie versteinert auf den Bildschirm. Nun gab es keine Zweifel mehr: Es war kein Foul, keine Gelbe Karte und kein Elfmeter! Ich wäre am liebsten im Boden versunken. Vorsichtig blickte ich in die Runde. Es war erstaunlich, fast schon unheimlich, dass keiner in dem Restaurant etwas sagte, auch die englischen Fans nicht. Schließlich hatte Arsenal ja 2:4 verloren. Nonverbal haben sie mir signalisiert: Wir haben das auch so gesehen wie du.

Dann rief das Schweizer Fernsehen an und lud mich für den nächsten Tag ins Studio ein. Ich war auf Abwehr und sagte: »Ihr ruft doch nur an, wenn es etwas zu kritisieren gibt.« »Nein«, meinte der Redakteur, »wir wollen Ihnen helfen. Kommen Sie einfach ins Studio, seien Sie unser Gast, wir werden einen gemeinsamen Weg finden.« Ich sagte zu.

Am nächsten Abend fuhr ich, mit einem mulmigen Gefühl, ins Studio. Die Crew erklärte mir, was während der Sendung passieren sollte. Schau her, hier ist der erste Film. Wir zeigen deine Position, das, was du gesehen hast: klares Foul, also Elfmeter. Dann eine zweite Position: nicht ganz eindeutig, vielleicht war es elfmeterwürdig, vielleicht aber auch nicht. Und dann die dritte und letzte, von vorne: absolut eindeutig, nichts passiert, was einen Elfmeter rechtfertigte. Diese drei Positionen haben also gesagt: 1. Elfmeter, 2. vielleicht, 3. kein Elfmeter. Cocus Aktion war eine Schwalbe, bei der alles stimmte. Er hatte sich über das Knie von Adams fallen lassen, sodass es wie ein Foul erschien. Nur eine Kamera hatte es gesehen: Da war noch Luft zwischen Tony Adams' Knie und Cocu. Natürlich hatte ich ein schlechtes Gewissen. Nicht, weil ich zu einer anderen Entscheidung gekommen war, sondern weil ich Tony Adams so unrecht getan hatte und ihm nicht vertraute.

Keine 100-Prozent-Garantie für richtiges Entscheiden

TOP 4
Stehen Sie zu Ihren Fehlern.

Ein halbes Jahr später leitete ich dann erneut ein Spiel mit Arsenal. Da standen wir unten in den Katakomben, und ich ging zu Tony Adams und entschuldigte mich. Aber er sagte nur: »Schiedsrichter, du machst Fehler und ich mache sie auch.« Das war für ihn gar kein Thema. Während und auch nach dem Spiel: überhaupt kein Thema. Und für mich war das ein Problem gewesen, die ganze Zeit seit dem damaligen Spiel. Mit diesem Gespräch war die Angelegenheit dann für mich endlich vom Tisch.

Es hat lange gedauert, bis es so weit war. Eigentlich zu lange. Tony Adams und ich haben uns nicht getroffen, weil es sich nicht ergeben hat. Aber ich hätte schon etwas energischer die Begegnung suchen können. Doch es war mir einfach peinlich. Also lief ich ein halbes Jahr damit herum. Das war mir eine Lehre. Ich habe erkannt, dass es unabdingbar ist, nach einem Fehler sofort klar Schiff zu machen, weil sich die Erinnerung an dieses ungelöste Problem negativ auf weitere Situationen auswirkt. Es ist so, wie man es beim Reiten sagt: Nach einem Sturz muss man sofort wieder aufsitzen, sonst setzt er im Gedächtnis und im Körper fest. Je länger man unten bleibt, umso größer wird die Unsicherheit. Das ist bei den Schiedsrichtern auch so. Und in allen anderen Berufen bzw. Lebenssituationen ebenfalls.

Auch aus diesen Erfahrungen heraus wollen wir in der Schweizer Schiedsrichterausbildung größeren Wert als bisher auf den richtigen Umgang mit Fehlentscheidungen legen. Ich war immer der Ansicht, dass wir als Aktive dafür nicht genügend Instrumentarien an der Hand hatten. Je nach Charakter kommt man mit Fehlentscheidungen mehr oder weniger gut klar. Für professionelle Entscheider ist lediglich das Vertrauen auf ihre charakterliche Ausrichtung aber keine ausreichende Grundlage.

Ich sehe oft, dass in den Betrieben der Chef als Entscheidungsträger ja auch Fehlentscheidungen trifft und

Ungeklärte Fehler führen zu Verunsicherung

dann allein gelassen wird. Diese Führungskräfte haben niemanden, mit dem sie sich wirklich angstfrei austauschen können, der sie moralisch unterstützt und ihnen hilft, eine Situation wieder zu normalisieren. Man schiebt die Schuld dann gern jemandem anderen zu oder leidet unter einer totalen Blockade. Meiner Ansicht nach haben die meisten Unternehmen ordentlichen Nachholbedarf, sie sollten besser heute als morgen damit anfangen, Strukturen einzurichten, die Entscheidungsträgern Unterstützung bieten.

Fehlentscheidungen nicht auf sich beruhen lassen

Als Schiedsrichter musst du aber sofort wieder Entscheidungen treffen, du musst in das nächste Spiel. Vielleicht hast du Samstag ein Spiel gehabt und Mittwoch musst du möglicherweise schon wieder pfeifen, eventuell sogar ein wichtigeres Spiel. Wenn dann dein Kopf nicht frei ist, wenn du dich nicht irgendwie frei machen kannst, dann bist du blockiert.

Du gehst in das Spiel mit einer Altlast, die dich behindert und wahrscheinlich sogar ungerecht macht. Entweder du bist zu weich oder übertrieben streng. Vielleicht willst du unbewusst deine falsche Entscheidung ausbügeln und machst Konzessionen. Das ist schlecht, weil es rasch von den Spielern bemerkt und ausgenutzt wird. Sie wissen unter Umständen gar nicht, was Ursache für dein Verhalten ist, sondern interpretieren es sofort als Schwäche und versuchen, ihren Vorteil daraus zu ziehen.

Dabei könnte es so einfach sein, die Bürde eines Fehlers abzuschütteln. Das geht oft schon mit Gesprächen. Darum

> Selten: Hilfe für Entscheidungsträger nach falschen Entscheidungen

führen wir in der Schweiz auch das Coaching ein. Es beinhaltet, dass sich ein Experte nach dem Spiel mit den Schiedsrichtern zusammensetzt und über das Geschehen geredet wird. Manchmal genügt es schon, einfach zu sagen: Du, das ist mir auch passiert, so eine Situation habe ich ebenfalls erlebt. Daraus ergibt sich häufig schon ein Ansatz, wie die Verarbeitungsunterstützung aussehen kann. Das Hauptsignal besteht aber darin: Du bist nicht allein, wir kümmern uns gemeinsam darum, aufzuklären, wie es zu dem Fehler kam, und entsprechend Schlussfolgerungen für die Zukunft daraus zu ziehen.

Ich habe das Gefühl, dass im Normalfall aber sehr viele Entscheidungsträger einfach allein gelassen werden. Sie bekommen oft gar keine Unterstützung, obwohl der Druck, der auf ihnen lastet, enorm ist, unter anderem durch Medien, Anteilseigner usw. Da fällt es auch dem Hartgesottenen schwer, eine Selbstanalyse mit sich und seinem Versagen oder Fehler durchzuführen. Man ist einfach damit beschäftigt, die schwersten Hiebe abzuwehren.

TOP 5
Suchen Sie Unterstützung, um falsche Entscheidungen besser zu bewältigen.

Sie können das alles verkraften, wenn es Ihnen gut geht, wenn Sie sich sicher fühlen, wenn Sie die Unterstützung spüren und überzeugt sein können, aufgefangen zu werden. Wenn Sie sich nicht mit Verlustängsten plagen müssen. Wenn jemand zu Ihnen sagt: »Komm, du bist einer von uns, lass uns gemeinsam schauen, was wir tun können.« Das sind günstige Voraussetzungen. Grundsätzlich ist es immer am besten, wenn die Frage nach den Ursachen von der Person selbst kommt. Dass sich beispielsweise ein Schiedsrichter fragt: Wieso habe ich die Situation so interpretiert oder interpretieren müssen? Was kann ich beim nächsten Mal besser machen? Mit den anderen zusammen oder gemeinsam mit dem Coach wird dann besprochen, wie man weiter vorgehen will, wann er diesen Verein, zu dessen Ungunsten die falsche Entscheidung gefällt wurde, wieder pfeifen will. Man sollte die Sache offensiv, aber mit Gelassenheit angehen, also in unserem Fall etwa nicht gleich ein Heimspiel leiten, wo die Atmosphäre durch die vielen Fans leicht unangenehm werden kann, sondern ein Auswärtsspiel der Mannschaft.

Ursachenforschung betreiben – grundsätzliche Probleme erkennen

Es geht bei solchen Gesprächen aber nicht um eine rituelle Nettigkeitsbeschwörung, so in dem Sinne: Du bist ein Pfundskerl, egal, was du machst. Es geht auch darum, eventuell vorhandene falsche Zielsetzungen zu korrigieren. Es kann ja zum Beispiel sein, dass jemand in einer bestimmten Liga einfach überfordert ist. Dass er mit harmlosen Spielen in der Regionalliga gut zurechtkommt, in der Bundesliga aber permanent Schwierigkeiten hat. Auch dann hilft ihm ein Coaching, das ihm dieses grundsätzliche Problem klarmacht. Wenn jemand dauernd unter Beschuss steht, greift ihn das psychisch an. Man tut diesem Menschen keinen Gefallen damit, wenn man ihn in dieser Liga belässt. Man muss ihm aufzeigen, dass es die falsche Stufe ist. Das braucht aber auch wieder Gespräche und Vertrauen, das aufgebaut werden muss oder am besten schon vorher vorhanden sein sollte. Sonst wird er einen solchen guten Rat als Angriff auf seine Person werten.

Meiner Ansicht nach sollte man den Umgang mit Fehlern am besten an Sachfehlern üben. Die sind letztlich am wenigsten peinlich. Man kann sich gut dafür entschuldigen und auch versuchen, sie auszubügeln durch irgendeine Art von Reparaturmaßnahme oder zumindest Kompensation. Also gehen Sie das nächste Mal offensiv vor, wenn Sie an Ihrem Arbeitsplatz einen Fehler gemacht haben. Sagen Sie beispielsweise nicht: »Man konnte ja gar nicht die alten Berichte einbeziehen. Das Archiv ist in einem katastrophalen Zustand, da findet man nichts.«

Sachfehler als Übungsfeld nutzen

Versuchen Sie es doch mal so: »Ich hätte die alten Berichte einbeziehen müssen. Gerade weil das Archiv in einem schlechten Zustand ist, hätte ich mich schon früher darum kümmern und mich mit Frau XY besprechen müssen. Sie hätte sicher eine Idee gehabt, wie man trotzdem an die Papiere gekommen wäre.«

»Man« aus dem ersten Beispiel sind nicht Sie, sondern die Umstände, das Leben oder das Universum. Die haben jedoch aller Wahrscheinlichkeit nach den Fehler nicht verursacht. Das »Ich« bringt Ihnen die Erkenntnis, was schiefgelaufen ist. Und die Notwendigkeit, den Hergang und die Analyse klar zu formulieren, hilft Ihnen, tatsächlich den Fehler zu erkennen, um ihn beim nächsten Mal vermeiden zu können.

TOP 6
Entschuldigen Sie sich, aber richtig.

Ich glaube, die meisten Leute sind bereit, eine Entschuldigung zu akzeptieren, wenn sie den Eindruck haben: Hier steht jemand, der meint es ernst und der hat falsch entschieden, weil er nicht anders konnte. So jemand wie Tony Adams ist natürlich ein Glücksfall, weil er eine integre und selbstgewisse Persönlichkeit ist, der aufgrund seiner persönlichen Reife ertragen kann, dass ihn jemand falsch gesehen oder falsch beurteilt hat. Wenn man jemanden anderen vor sich hat, einen Heißsporn etwa, oder jemanden, für den extrem viel auf dem Spiel steht, wird es manchmal schwieriger, weil alles eine ganz andere Dimension bekommt. Es ist schon so, dass solch ein Fehler für den Betroffenen schwer zu verkraften ist, weil ihm viel kaputtgemacht wurde. Deshalb hängt meiner Ansicht nach alles daran, dass der andere die Aufrichtigkeit spürt. Wenn man sagt, es tut mir leid, dann muss das wirklich aus dem Herzen kommen.

Nur authentische Entschuldigungen entfalten positive Wirkung

Man merkt ja auch an der Entscheidung selbst, ob sie ehrlich gefällt wurde, ob der Schiedsrichter in diesem Moment hundertprozentig überzeugt war von dem, was er gesehen hat. Man merkt, ob er die Entscheidung aufgrund von äußeren Umständen oder auch von Schwäche getroffen hat. Man sieht ihm an, dass er sich vom Publikum hat beeinflussen lassen, dass der Druck einfach zu groß für ihn war. Er fragt sich das ja in der Sekunde selbst: Wieso habe ich jetzt gepfiffen, ich war überhaupt nicht überzeugt, ich hatte keinen Mut, sondern Angst, dass die Kritik dann noch größer wird, wenn ich sie jetzt weiter laufen lasse. Darum habe ich diesen Elfmeter gepfiffen ... Das weiß er als Schiedsrichter selbst. Er hat nur eine Chance, seine Würde zu wahren, wenn ihm und allen anderen klar ist, dass er die Fehlentscheidung vor dem Hintergrund seiner Stärke, aus seinem Können, aus seinem Wissen und mit Ehrlichkeit so getroffen hat. Kurzum, dass er alles nach bestem Wissen und Gewissen gemacht hat und dass es in diesem Fall eben falsch war. Das können die anderen verzeihen.

Authentische Fehlleistungen werden eher entschuldigt

Aber man kann nicht verzeihen, wenn der Schiedsrichter entschieden hat, weil er unter Druck war, weil er sich dem Publikum gebeugt hat oder weil er nicht den Mut für die richtige, aber unpopuläre Entscheidung aufgebracht hat. Das spüren die Spieler und auch das Umfeld. Wenn solche Verhältnisse bestimmend waren, dann kommt auch die Entschuldigung nicht an. Dann heißt es: Schleich dich, wir fühlen uns von dir betrogen und hintergangen. Das war nicht korrekt, was du da gemacht hast. Und von solch einem Makel kannst du dich eigentlich kaum noch befreien. Das sind die Sachen, die nie weggehen, die immer wieder hochkommen. Die Ihnen immer wieder vorgehalten werden. Das vergisst man Ihnen nicht. Aber man verzeiht Ihnen, wenn Sie es ehrlich gemeint haben.

Eine Fehlentscheidung aufgrund persönlichen Versagens markiert den Übergang von den sachlichen zu den »moralischen« Fehlern. Also wenn Sie beispielsweise ein Geheimnis verraten oder schlecht über einen Freund gesprochen haben und dafür einstehen müssen. Da geht es nämlich direkt an den Kern, da gibt es keine Erklärungen oder Ausreden mehr. Da müssen Sie zugeben: Ich war's, ich habe versagt, ich bin nicht verlässlich gewesen. Das schmerzt das Ego. Aber glauben Sie mir: Es gibt keine Wahl. Jeder Vertuschungs- oder Verschleierungsversuch macht die Sache nur schlimmer und Sie stehen in noch schlechterem Licht da.

Versetzen Sie sich in die Lage des anderen

Bedenken Sie immer: In solchen Situationen geht es nicht in erster Linie um Sie, auch wenn Ihnen das angesichts der Blamage oder Bloßstellung so vorkommen mag. Es geht wesentlich um den anderen und um die Beziehung zwischen Ihnen beiden. Das heißt: Vermitteln Sie Ihrem Gegenüber oder dem Geschädigten das Gefühl, dass es Ihnen aufrichtig leid tut, dass Sie selbst nicht genau wissen, was in Sie gefahren war, dass Sie – wie es bei den Kindern heißt – es »nicht wieder tun wollen«.

Ich erlebe oft, dass jemand einfach sagt: »Ja, Entschuldigung, tut mir auch leid« und denkt, damit sei die Sache bereinigt. Meist kommen sich solche Leute auch noch ziemlich toll vor, weil sie die Angelegenheit in Nullkommanichts »erledigt« haben. Doch das ist natürlich ein Irrtum, wenn nicht sogar ein Zeichen besonderer Schwäche. Denn natürlich stellt das keine Lösungs-, sondern eine Vermeidungstaktik dar nach dem Motto: Wenn ich's schnell sage und alles zugebe, habe ich es gleich hinter mir und dann den Deckel drauf. Man hat dann vor allem ein »gutes Gefühl« von seiner moralischen Stärke und Überlegenheit, alles Übrige ist

Immer bedenken: Entschuldigungen dienen einer guten Beziehung

einem völlig egal. Glauben Sie mir, das ist kurzfristig gedacht. Weder Sie noch der andere haben etwas davon. Sie lernen nichts daraus und machen denselben Fehler bei nächster Gelegenheit wieder. Ihr Gegenüber fühlt sich noch über die eigentliche Sache hinaus verhöhnt, weil er ein ehrliches Bedauern bei Ihnen nicht erkennen kann.

Haben Sie keine Scheu: So wie man fast alles andere ebenfalls lernen kann, wird man auch nach und nach besser in der Kunst der Entschuldigung. Sie werden merken, dass das Gefühl der Peinlichkeit bei einer Blamage oder Fehlentscheidung mit der Übung abnimmt (ohne dass Sie die Sensibilität dafür verlieren) und Sie tatsächlich psychischen Raum gewinnen, um sich über das Problem und die Ursachen klar zu werden. Und diese Möglichkeit sollten Sie unbedingt nutzen.

Wichtig: die Pflege der Fehlerkultur

Unabdingbar ist, dass Sie auch die Menschen in Ihrer Umgebung ermutigen, zu ihren Fehlern zu stehen. Verhalten Sie sich ihnen gegenüber so, wie Sie es für sich selbst erwarten. Rufen Sie sich die letzten Begebenheiten in Erinnerung, an denen sich jemand für einen Fehler entschuldigt hat. Wie haben Sie reagiert? Waren Sie erfreut, dass derjenige damit zu Ihnen kam? Sind Sie explodiert, weil Sie dadurch ein weiteres Problem hatten in einer sowieso schon angespannten Situation? Haben Sie mit Konsequenzen gedroht? Sind Sie »persönlich« geworden? Haben Sie Ihrem Mitarbeiter gesagt, dass so ein Versagen typisch für ihn sei, dass Sie sowieso noch nie etwas anderes von ihm erwartet haben?

TOP 7
Schieben Sie die Schuld nicht auf andere.

Das ist genau das Verhalten, das Fehler zu einem Riesenproblem macht und damit eine produktive Fehlerkultur verhindert. Ich habe es noch einmal beispielhaft aufgeführt, weil ich Ihnen die andere Seite vor Augen führen wollte. Wir sind ja nicht nur die Fehlerverursacher, wir sind auch diejenigen, die Entschuldigungen entgegennehmen. Und in der Rolle der Verursacher fällt es uns ganz leicht zu fordern: Ja, das müsste ganz anders laufen, aber mein Chef, der ... Wenn Sie jedoch selbst Großmut zeigen sollen, vergessen Sie vielleicht, was Sie immer von Ihrem Chef fordern. Es lohnt sich auf jeden Fall, kritisch zu beleuchten, wie man sich selbst verhält, ob man es genauso macht, wie man es bei anderen verurteilt.

Erwerben Sie sich Respekt, indem Sie selbst verzeihen

Im September 2007 ist es in einem Spiel zwischen Zürich und Aarau zu einer außergewöhnlichen Situation gekommen: Der Torhüter wehrte einen Ball ab, und der ging hoch über die Latte. Von seiner Position aus musste der Schiedsrichter den Eindruck haben, dass der Ball ins Aus gehen würde. Er pfiff und entschied auf Eckball. Unterdessen kam der Ball wieder herunter – und rollte ins Tor. Der Schiedsrichter stand da, wie vom Blitz getroffen, überlegte einen Moment, ob er das Tor doch geben sollte. Die Aussage des Assistenten war jedoch eindeutig: Nein, das geht nicht. Der Ball war nicht draußen, du musst Schiedsrichterball geben.

Das Spiel stand 1:0 für Zürich, dieses Tor wäre das 2:0 gewesen, und der Schiedsrichter hatte eben einen kapitalen Fehler gemacht. Also, was tun?

Er ging zur Trainerbank der Zürcher Mannschaft und hat sich entschuldigt, ohne Umschweife und Hampelei. Mir ist der größte Fehler meiner Laufbahn passiert, es tut mir sehr leid, ich kann mich nur entschuldigen und bitte Sie um Verzeihung. Und die Trainer waren großzügig und akzeptierten die Entschuldigung. Sie hatten ja gesehen, dass er sie nicht schädigen wollte, sondern von seiner Warte aus der Ball vollkommen eindeutig im Aus war.

Der Schiedsrichter ging also zurück, um den Schiedsrichterball durchzuführen, überlegte aber, ob er die Situation nicht noch retten könnte, und ging zur Mannschaft von Aarau. Ihr habt doch auch gesehen, dass es ein Tor gewesen wäre, geht doch auf die Seite und lasst die Zürcher ihr Tor schießen. Einer von den Aarauern meinte: »Ja, das stimmt, es wäre ein Tor gewesen, und wir können es so machen.« Doch der Torhüter erhob Einspruch und behauptete: »Das machen wir nicht, denn wenn ich den Pfiff nicht gehört hätte, hätte ich den Ball ja eventuell halten können.« Was objektiv gesehen vollkommen ausgeschlossen war, der hätte diesen Ball nie und nimmer halten können. Jedenfalls sagten er und dann noch ein paar andere: »Nein, das machen wir nicht.«

Wie bedauerlich und wie dumm! Sie haben damit eine einmalige Chance verpasst, sich als großzügige und faire Mannschaft zu erweisen. Sie hätten wahrscheinlich sogar den Fair-Play-Preis bekommen, vielleicht sogar den europäischen Preis. Und mit dieser Aktion hätten sie sich wahrscheinlich direkt für den UEFA-Cup qualifiziert. Dort werden ja Plätze für Mannschaften mit herausragenden Fairness-Leistungen außerhalb der reinen Punktequalifikation vergeben. Aarau hat aus Engstirnigkeit und Mangel an Großmut die Chance auf einen realen Vorteil verpatzt. Aber noch wichtiger: Sie haben sich in aller Öffentlichkeit als Mannschaft bloßgestellt, die keinen Sinn für die Entschuldigungsgeste des Schiedsrichters hatte und die Grundlage des Spiels nicht verstanden hatte: Seid fair! Sie beharrten auf ihrem Standpunkt und verschanzten sich in einer Haltung, die lautete: »Das steht uns aber zu!« Kurzum: Der langfristige Schaden, der durch das Pochen auf diesen kurzfristigen scheinbaren Vorteil entstanden ist, steht in keinem Verhältnis zum Ertrag und zum Imageschaden, der damit einherging. In jedem Unternehmen wäre das als Managementfehler zu bewerten.

<small>Oft von Nachteil: auf seinem Vorteil zu bestehen</small>

Der Schiedsrichter hingegen hat sich Respekt mit dieser Art erworben. Als Chef der Schiedsrichter habe ich ihn auch nicht bestraft, was normalerweise der Fall nach einem solchen Fehler gewesen wäre. Aber ich meine: Warum ihn bestrafen? Er hat alles richtig gemacht. Sein Fehler war erklärbar und seine anschließende Reaktion sowie der Versuch, eine Einigung zwischen den Mannschaften herzustellen, absolut honorig.

Deswegen mein Appell und mein rational begründeter Rat: Seien Sie großzügig. Es gehört nicht viel Überwindung dazu. Sie erwerben sich damit Respekt und Sie können vor sich selbst besser bestehen, als wenn Sie stets auf das pochen, was Ihnen nach irgendeinem selbst gemachten Kodex »zusteht«.

Wir haben die ganze Zeit darüber gesprochen, wie man mit Fehlern umgeht, die man selbst gemacht hat. Nun ist man aber – zum Glück – nicht allein auf der Welt und im Geschäftsleben, sondern hier wie in Schule, Vereinen und Ähnlichem Mitglied oder Leitfigur einer Gruppe. In der Binnenperspektive stellt sich das Einstehen für Fehler so dar wie oben beschrieben. Nach außen hin ist es aber anders. Sie haften auch für die Fehler der anderen, ganz besonders dann, wenn Sie der Chef sind. Und da hapert es in vielen Unternehmen ganz massiv. Nach allem, was ich selbst erlebt oder von anderen gehört habe, finden dort die erbärmlichsten Szenen statt. Jeder haut jeden in die Pfanne, wenn er nur kann. Doch da die unteren Ränge sich oft nicht trauen, etwas gegen den Chef zu sagen, liegt der »Sieg nach Punkten« meistens bei denen.

Chef sein bedeutet, für die Fehler anderer einzustehen

Wer kennt das nicht, wenn der Vorgesetzte in der Konferenz von seinem Chef angepflaumt wird und er den Druck bzw. Vorwurf gleich nach unten weitergibt: »Meier, wieso haben Sie mir denn nicht gesagt, dass ...« Und Sie stehen da und können nichts machen, die Wahrheit sagen schon gar nicht, nämlich dass in den Gesprächen vorher nie die Rede davon war oder sogar der eigene Vorstoß als irrelevant abgebügelt wurde. Aber wenn man das zu Protokoll gäbe, wäre man klinisch tot. Insofern beißt man sich auf die Zunge und schluckt den Frust runter.

Es gibt keine wirksamere Methode, um sich als Vorgesetzter nachhaltig zu desavouieren. Wenn Sie in aller Öffentlichkeit Ihre Mitarbeiter verraten und sich selbst auf deren Kosten aus der Affäre ziehen wollen, dann verlieren Sie so viel an Achtung und Kooperationsbereitschaft, dass

Sie auf Dauer geschädigt sind. Man sollte schon aus Gründen des Anstands die Verantwortung übernehmen. Und wenn nicht deshalb, dann wenigstens zum eigenen Nutzen. Denn glauben Sie nicht, Ihre Kollegen würden übersehen, dass Sie illoyal sind. Und selbst wenn sie das für akzeptabel halten, weil sie es mit ihren Untergebenen genauso machen: Sie merken es sich und werden Ihnen weniger Vertrauen entgegenbringen, als wenn Sie sich als integrer Abteilungsleiter dargestellt hätten.

Dazu kommt: Ihnen wird von Ihren Leuten keiner helfen, wenn Sie mal in Bedrängnis sind. Warum sollte einer das tun? Entweder er unterstützt Sie nicht, weil der Teamgeist so schwach ausgeprägt ist, dass er gar nicht auf den Gedanken kommt. Oder er lässt Sie absichtlich hängen, um sich für erlittene Ungerechtigkeiten zu rächen und Ihnen eins auszuwischen.

Führt zur Loyalitätsverweigerung: eigene Fehler anderen zuzuschieben

Erweisen Sie Ihren Leuten Respekt und übernehmen Sie die Verantwortung, wenn etwas schiefgeht. Auch deshalb sind Sie ja auf der Position des Chefs. Ich leitete einmal in Wien das letzte Spiel der Meisterschaft. Der österreichische und der Schweizer Verband haben eine Kooperationsvereinbarung, deshalb wurde ich auch gelegentlich bei einem österreichischen Spiel eingesetzt. Es standen sich FK Austria Wien und der Grazer AK gegenüber. Und in diesem wichtigen Spiel hat mein Assistent einen Fehler gemacht: Er annullierte ein Tor und Austria Wien wurde dann nicht Meister. Vielleicht hätten sie auch so verloren, das weiß man ja nie. Ich hätte locker sagen können, ich kann nichts dafür, es war mein Assistent. Dafür gab es ja zigtausend Zeugen. Aber ich habe mich vor meinen Assistenten gestellt und gesagt: »Ja, es tut mir leid, was da passiert ist. Unser Team hat heute eine Entscheidung getroffen, die falsch war. Aus unserer Sicht war es in dem Moment richtig, aber es hat sich als falsch herausgestellt, wie wir im Fernsehen gesehen haben. Wir können uns nur dafür entschuldigen.« Das wurde dann akzeptiert, und alle im Team haben gemerkt: Ich stehe zu ihnen, auch wenn Fehler gemacht werden. Ich lasse sie nicht hängen. Das stärkt das Selbstwertgefühl und macht sicherer für das nächste Mal. Und es ist die Basis, aufgrund deren sie sagen können: Er hat uns geholfen, in kritischen Situationen werden wir ihm auch helfen.

TOP 8
Nutzen Sie Ihre Erfahrungen, aber verallgemeinern Sie sie nicht.

Ich habe viel über Fehler und ihre Bedeutung für die Erfahrung referiert, doch ein kapitaler Fehler bleibt noch übrig: aus Erfahrung dumm zu werden. Das überrascht Sie nach diesem seitenlangen Plädoyer für das Eintauchen in die Erfahrungswelt? So selten ist das gar nicht. Sie haben doch sicher auch solche Menschen in Ihrem Bekanntenkreis. Menschen, deren Sicherheit aus einem Vorwissen kommt, das Sie nicht überzeugen kann. Denen immer schon im Vorhinein klar ist, dass etwas auf diese oder jene Art überhaupt nicht funktionieren kann. Die stets die hundertprozentige Erklärung für ein Phänomen auf Lager haben. Und das nicht einfach aus Ängstlichkeit, sondern sogar aus eigenem Erleben heraus. Das nenne ich aus Erfahrung dumm werden.

Das sind Personen, die einmal etwas erlebt haben und daraus ihre Schlüsse ziehen. Unverrückbar und für alle Zeiten. Sie verallgemeinern ein Erlebnis und haken innerlich ab: Aha, das ist also so und nicht anders. Aber genauso wenig wie man zweimal in denselben Fluss steigt, kommt man auch zweimal in genau dieselbe Erfahrungs- oder Entscheidungssituation. Das Gefühl, Bescheid zu wissen, schwächt die Differenzierungsfähigkeit. Es macht uns blind für das, was der möglicherweise ausschlaggebende Unterschied ist. Und es lässt gedanklich – und damit vielleicht auch in der Realität – die Möglichkeit von Veränderung nicht zu. Das heißt, man glaubt, dass sich das wirkliche Geschehen der Vorstellung anpasst bzw. dieses gar nicht anders sein kann.

Veränderungen wahrnehmen

Erinnern Sie sich noch an die Fußball-WM in Deutschland 2006? In Hülle und Fülle gab es vorher die grausigsten Vermutungen und Szenarien, wie die Deutschen das alles in den Sand setzen würden. Vielleicht perfekt organisiert, aber vollkommen freudlos, typisch deutsch halt. Oder wenn doch Fehler passieren würden, dann könnten die Deutschen damit nicht umgehen, weil sie nicht improvisieren können.

Man hat den Deutschen um nichts in der Welt zugetraut, dass sie eine schöne, eine sympathische, emotional begeisternde WM hinbekämen. Tausendfach wurde vorher geschrieben, dass eine erfreuliche WM in Deutschland bei den ewig kritischen, pessimistischen und miesepetrigen Deutschen unvorstellbar sei. Nicht nur im Ausland gingen diese Meinungen um, die Deutschen selbst haben ja eifrig mitgewirkt an diesen Geschichten. Und prompt kamen die ersten Bestätigungen, als der Kartenvorverkauf und alles Mögliche andere im Vorfeld nicht funktionierten.

TOP 9
Kalkulieren Sie ein, dass Erfahrungen von Erwartungen abweichen.

Und was geschah dann? Es wurde eine WM der Superlative. Ein nie erwartetes Ausmaß an Emotionen, Freude und Glück zeigte sich, Fairness und Gastfreundschaft kannten keine Grenzen. Ein Traum! Durchweg hat bei allen allerbeste Laune geherrscht, und zwar die ganze Zeit. Die Leute bekamen sich vor lauter Frohsinn ja gar nicht mehr ein. Nicht nur, wenn die eigene Mannschaft spielte, waren die Deutschen in Schwung, nein, sie jubelten allen möglichen Mannschaften zu und freuten sich über hart erkämpfte Siege, litten mit bei unverdienten Niederlagen.

Ich fand besonders beeindruckend, dass es auch die Leute gepackt hat, die sich sonst gar nicht für Fußball erwärmen können. So viele Leute waren von dem Ganzen so mitgerissen, dass sie auf keinen Fall etwas verpassen wollten, sie wollten dabei sein – Teil dieses einmaligen Events sein. Und niemand von den anderen hatte vermutet, dass die Deutschen so nett sein können. Dass sich diese Erkenntnis flächendeckend durchsetzte, fand ich enorm. Das hat mir mal wieder gezeigt, dass man auch im Positiven niemanden unterschätzen sollte.

Als das Motto »Zu Gast bei Freunden« veröffentlicht wurde, haben doch viele gedacht: Schön wär's, aber warten wir mal ab, die wissen ja gar nicht, was Freundschaft ist. Und dann lief es wirklich traumhaft. Die allgegenwärtige gute Laune hat wesentlich dazu beigetragen, dass es quasi keine Krawalle gab. Auch die Fernsehsender haben mitgezogen. Von meinen Moderationen im ZDF weiß ich, dass wir diese Partystimmung bewusst weiter transportiert haben. Wir haben dem Negativen im Grunde keinen Raum gegeben. Es gab einmal eine größere Ausschreitung in Dortmund mit polnischen Fans, von der man zehn Sekunden lang Bilder gezeigt hat. Johannes B. Kerner erläuterte kurz, dass man dokumentieren wolle, was sich abspiele, aber den Krawallmachern keinen Raum zur Selbstdarstellung bieten wolle. Das war's.

Es war wirklich perfekt. Jeder war gut drauf. Und für mich war es das Schönste, also wirklich der schönste Moment, als die Deutschen Dritter wurden und sich so freuten. Alle glaubten ja: Die Deutschen können nicht verlieren. Und dann haben sie sich so über ihren dritten Platz gefreut, beinahe als wären sie Weltmeister geworden. Und das nicht nur vorgeschoben aus Höflichkeit oder wegen des Erwartungsdrucks, sondern aus tiefster Überzeugung. Für mich eine ganz unglaubliche Begegnung und eine wundervolle Erfahrung, die immer einen Platz in meinem Herzen haben wird! Danke, Deutschland!

Vorurteile bewusst korrigieren

Ich hatte auch den Eindruck, alle seien froh, dass Deutschland Dritter geworden war. Das war die ideale Platzierung. Wären sie Erster geworden, hätte das jedem Vorurteil Genüge getan, dass die Deutschen Perfektionisten sind und am liebsten allen zeigen, dass sie gewinnen können. Der zweite Platz hätte bedeutet: knapp daneben. Der dritte Platz war genau richtig. Sie haben gut gespielt, sie haben sich als prima Gastgeber bewährt, und sie haben zwei sehr guten Mannschaften den Vortritt gelassen. Also alles noch hundertmal schöner, als man es sich hätte ausdenken können.

TOP 10
Nutzen Sie positive Erfahrungen, um zu wachsen.

Das ist genau der Punkt, warum ich es noch einmal ins Gedächtnis rufe. Aus Erfahrung dumm zu werden lässt sich nur vermeiden, wenn man bewusst und intensiv seine Vorstellungen mit der Realität und den tatsächlich gemachten Erfahrungen vergleicht. Denn Sie können sich vorstellen, was Ihnen nur einfällt, und sich auf alles festlegen, worauf Sie nur wollen: Sie haben es nicht im Griff. Es spielen immer bei jeder Situation, erst recht bei komplexen, so viele Faktoren mit, dass niemals genau das eintreffen wird, was Sie erwartet haben.

Wenn die WM bei 12,5 Grad Celsius und einem permanenten leichten Nieselregen stattgefunden hätte, wäre sicher vieles anders gelaufen. Aber so stimmte einfach alles: das Wetter, der wichtige Auftaktsieg der Deutschen über Costa Rica und der Triumph über Polen mit dem Tor in allerletzter Minute, die Entschlossenheit der Deutschen, sich zu amüsieren, und vieles mehr. Man hatte den Eindruck einer ständigen Steigerung, sozusagen von 60 Prozent auf 100 Prozent.

Nutzen Sie Ihren persönlichen Spielraum

Wer glaubt, die Menschen verhielten sich immer gleich, erlebt so etwas Positives gar nicht, auch wenn es um ihn herum tatsächlich geschieht. Ich bin jemand, der zwar davon überzeugt ist, dass der Charakter eines Menschen mehr oder weniger unveränderlich feststeht. Aber innerhalb dieses Rahmens gibt es große Entfaltungsmöglichkeiten für jedes Individuum.

Letztlich weiß man oft nicht auf Anhieb, was in einem selbst oder einem anderen steckt. Man weiß ebenso wenig, ob es gelingt, ein verschüttetes Talent ans Licht zu holen oder ob es einfach zu lang brach gelegen hat. Aber es ist immer lohnend, sich auf die Suche danach zu begeben. Manchmal müssen Sie vielleicht eine ganze Weile bohren, bis Sie zu einem Ergebnis kommen, aber lassen Sie sich nicht entmutigen. Es wird auf jeden Fall eine spannende Erkundungsreise für Sie.

Zusammengefasst: Nutzen Sie Erfahrungen als das, was sie sind. Als einen Speicher der Variationen, ein Füllhorn der Möglichkeiten. Ihre Erfahrungen verleihen Ihnen Sicherheit für Entscheidungen, denn sie zeigen auf, wie groß die Palette der Möglichkeiten ist. Sie befreien Sie von kreativitäts- und persönlichkeitshemmenden Beschränkungen, wenn Sie sie positiv aufnehmen und sogar aktiv suchen.

Geben Sie sich nicht damit zufrieden, dass Sie halt so sind, wie Sie sind. Schauen Sie mal nach, was sonst noch in

Lassen Sie sich nicht festlegen auf das, was Sie bisher waren

Ihnen steckt. Und das erfahren Sie am besten, wenn Sie den Schritt nach draußen tun. Dazu gehört natürlich auch ein bisschen Mut, gerade wenn Sie aus der Übung sind. Aber auch das ist kein Hindernis, Sie werden es sehen.

Die Top Ten der Erfahrung auf einen Blick

TOP 1 Nutzen Sie Erfahrungen, um Ihre Möglichkeiten zu entdecken.

TOP 2 Gönnen Sie sich Umwege.

TOP 3 Machen Sie Fehler.

TOP 4 Stehen Sie zu Ihren Fehlern.

TOP 5 Suchen Sie Unterstützung, um falsche Entscheidungen besser zu bewältigen.

TOP 6 Entschuldigen Sie sich, aber richtig.

TOP 7 Schieben Sie die Schuld nicht auf andere.

TOP 8 Nutzen Sie Ihre Erfahrungen, aber verallgemeinern Sie sie nicht.

TOP 9 Kalkulieren Sie ein, dass Erfahrungen von Erwartungen abweichen.

TOP 10 Nutzen Sie positive Erfahrungen, um zu wachsen.

Kapitel 4

DER MUT

Wie Sie die Angst vor dem Entscheiden verlieren

»Krise ist ein produktiver Zustand.
Man muss ihr nur den Beigeschmack
von Katastrophe nehmen.«

Max Frisch

Bei der Europameisterschaft 1996 spielt Kroatien in der Vorrunde gegen die Türkei. Es steht 0:0. Auf einmal sprintet ein kroatischer Spieler los. Er rennt auf den türkischen Torhüter zu. Der türkische Verteidiger folgt ihm, aber es ist klar, dass er den Kroaten kaum auf elegante oder faire Weise stoppen kann. Der Verteidiger muss den Stürmer im Strafraum ummähen, anders ist er nicht zu bremsen. Das ist die Aufgabe des Verteidigers. Aber es kommt anders. Man sieht es dem türkischen Spieler richtig an, wie er zu dem Schluss gelangt: Das mache ich nicht. Ich trete ihm jetzt nicht die Beine weg. Ich gehe nicht das Risiko ein, ihn schwer zu verletzen. Er hat sich seinen Weg bis hierher fair erkämpft, ich bremse ihn nicht mit unfairen Mitteln.

Das Tor fiel, die Kroaten haben 1:0 gewonnen und die Türken schieden schlussendlich aus. Ich weiß nicht, ob Sie sich vorstellen können, was in der Türkei los war. Der Verteidiger wurde aufs Übelste beschimpft, er war unten durch und restlos erledigt. Er galt als Flasche oder schlimmer noch: als Vaterlandsverräter. Er hat zwar den Fairness-Preis der FIFA bekommen, aber in seiner Heimat hat ihm das nichts genützt. Doch dieser Spieler blieb bei seiner Einstellung auch im Nachhinein, als diese bombastischen Vorwürfe auf ihn niedergingen. Er hat nichts beschönigt oder etwa versucht, irgendwelche Erklärungen zu konstruieren. Nein, er hat ganz deutlich gemacht, dass er gekonnt hätte, aber nicht wollte.

Ich finde sein Verhalten einfach großartig. Da ist jemand, der unbedingt fair ist, der sich nicht in die Riege der angepassten Ja-Sager einreiht, alle Regeln verletzt und nur an seinen Vorteil denkt und entsprechend handelt. Mir imponiert besonders der Respekt vor der Leistung des anderen, der Respekt, den wir uns alle so sehr von unserem Gegenüber wünschen. Im normalen Leben sind solche Verhaltensweisen doch eher selten – leider! Aber nur wer Respekt erweist, kann ihn auch von anderen bekommen.

Respekt erweisen, auch wenn es bei anderen unpopulär ist

Viele Menschen haben auch mit Entscheidungen von geringerer Tragweite ihre Schwierigkeiten und vermeiden alles, was nach einer klaren Aussage verlangt. In vielen Fällen ist unser größter Hemmschuh die Angst. Die Angst vor den anderen, die Angst vor Gerede, die Angst vor Schelte, die Angst vor allem. Aber die Angst vor sich selbst scheint am größten.

Naturgemäß kommt in diesem Kapitel, dessen Thema der Mut ist, die Angst als Gegenspieler ausführlich vor. Ich will versuchen, einige der Dimensionen im Zusammenhang von Mut und Entscheidung aufzuzeigen. Mit dem Mut verhält es sich nämlich nicht so offensichtlich, wie man auf den ersten Blick vermuten könnte. Er ist weder geprägt durch Tollkühnheit noch durch Rücksichtslosigkeit und wird doch gern damit verwechselt.

Es geht in diesem Kapitel vielmehr um Folgendes:
1. Ich will zeigen, dass Mut vor allem eine soziale Tugend ist, weil er wesentlich für die Regelung der Beziehungen untereinander ist. Ein Mangel an Mut und Entscheidungsfreude ist umgekehrt oftmals darauf zurückzuführen, dass man das Urteil der Gemeinschaft fürchtet.
2. Es geht um Mut als Voraussetzung für Führungsstärke.
3. Ich möchte deutlich machen, dass es oftmals Mut braucht, sich unterzuordnen, und es kein Zeichen von Schwäche ist, sich zurückzunehmen.

Meine beiden Kinder sind mit ihren jungen Jahren schon sehr stark in ihren Entscheidungen. Das beeindruckt mich und macht mich unglaublich stolz! Mein Sohn hat sich mit 14 Jahren dazu entschieden, auch Schiedsrichter zu werden. Sicher auch ein wenig meinetwegen. Aber an Reife und Konsequenz hat er mich weit übertroffen, so entschieden war ich in seinem Alter noch nicht. Er hat sich als unglaublich geradlinig erwiesen, was mich überrascht und gefreut hat. So brach er ein Spiel in der E-Jugend (Kinder zwischen 8 und 10 Jahren) ab. Ich selbst war bei dem Spiel nicht dabei, und so erzählte er mir die ganze Geschichte am Abend etwa so: »Du, Papa, ich habe das Spiel heute abgebrochen.« »Was hast du gemacht?«, fragte ich ihn erschrocken. Er erzählte mir von dem Trainer der einen Mannschaft, der immer wieder seine Spieler, deren Gegner, meinen Sohn, ja eigentlich alles, was sich bewegt hat, verbal angegriffen hat. Mein Sohn hat ihn mehrmals ermahnt, damit aufzuhören, weil er sonst das Spiel abbrechen würde. Doch der Trainer hat wohl gedacht: Was will der Junge denn von mir? Und mit seinen knapp 15 Jahren hat mein Sohn dann die Begegnung tatsächlich abgebrochen: »So, fertig, aus!« Meine erste Reaktion war: »Das ist doch kein Grund, ein Spiel abzubrechen! Warum hast du nicht versucht, das Spiel weiterlaufen zu lassen?«

Auch wenn ich mit meiner Kritik sehr moderat war, da war es wieder! Wir werden als Schiedsrichter darauf programmiert, die Spiele durchzubringen. Es sei denn, wir werden tätlich angegriffen. Der Vorfall hat mich die ganze Nacht beschäftigt. Am nächsten Morgen war für mich klar: Er hatte so verdammt recht mit seiner Entscheidung und ich lag so was von daneben mit meiner ersten Einschätzung. Wenn in einer E-Jugend, bei so jungen Spielern, der Trainer sich so daneben verhält, was willst du dann noch? Aufhören! Okay, wenn du nicht begreifst, was Fairplay und Anstand ist, dann hören wir auf.

Ich glaube, dass der Spielabbruch meines Sohnes eine viel größere Wirkung gehabt hat, als wenn er versucht hätte, das Spiel irgendwie durchzustehen, oder nur den Trainer vom Platz gestellt hätte. Denn die Reaktionen der Eltern und der Kinder richteten sich nicht gegen meinen Sohn, sondern einzig und allein gegen diesen Trainer: »Hey, deinetwegen konnten wir nicht zu Ende spielen, deinetwegen haben wir verloren!«

Wir haben eine Verantwortung unseren Kindern und allen anderen uns Anvertrauten gegenüber. Mein Sohn hat diese Verantwortung erkannt und durch seinen Mut ganz klar entschieden: Das ist nicht der Weg, so geht das nicht! Sehr stolz auf ihn konnte ich ihm am nächsten Tag meine nächtlichen Gedanken berichten.

Nicht an vorgefertigten Meinungen hängen bleiben

Leider hat er schon nach zwei Jahren mit der Schiedsrichterei aufgehört, weil er nicht dieselbe Leidenschaft dafür entwickeln konnte wie ich, um das Ganze 15 oder 20 Jahre lang konsequent zu leben. Vielleicht kommt es ja noch, aber das ist seine Entscheidung.

Und noch eins sollte man sich klarmachen: Auch keine Entscheidung ist eine. Weil das Nicht-Entscheiden Konsequenzen hat. In meinen Vorträgen ist das immer ein ganz wichtiger Punkt, der die Zuhörer oft überrascht. Vielen ist der Gedanke ganz fremd, dass es auch eine Entscheidung ist, wenn man nichts tut. Auch das wird Konsequenzen haben. Man kann sich durch Nicht-Entscheiden nicht vor Konsequenzen schützen.

Viele glauben jedoch, dass sich schon irgendetwas ereignen wird, was den Konflikt lösen wird. Wenn jemand beispielsweise überlegt, ob er den Betrieb wechseln solle, weil es ihm dort eigentlich nicht mehr gefällt, gibt es natürlich viele Aspekte, die berücksichtigt werden müssen. Wird er sich an einem neuen Arbeitsplatz wirklich wohl fühlen? Ist er den neuen Anforderungen gewachsen? Wird er mit anderen Kollegen zurechtkommen? Da, wo er jetzt ist, weiß er doch wenigstens, was er hat und woran er ist. Aber andererseits ...

So überlegt er dieses und verwirft jenes. Bis er sich tatsächlich irgendwann nicht mehr zu entscheiden braucht, denn dann übernimmt das jemand anderer für ihn, sein Personalchef zum Beispiel. Der ihm erläutert, dass man sich trennen muss, weil ihm der Biss abhanden gekommen sei, weil er zu wenig Entscheidungsfreude zeige. Das ist dann die Konsequenz.

Nicht existent: die Nicht-Entscheidung

In Situationen, in denen die Konsequenzen auch für andere deutlich spürbar werden, fällt es noch schwerer, Entscheidungen zu treffen. Bei Scheidungen oder in den Vorphasen von Scheidungen beispielsweise überlegt man, dass man dem Vater die Kinder nimmt, und gerade die Jungs bräuchten doch unbedingt ein männliches Vorbild. Oder man fragt sich: Soll ich mich nicht wegen der Kinder arrangieren und doch bleiben? Vielleicht renkt sich doch wieder alles ein. Außerdem fürchtet man den Ansehensverlust in der Familie und die finanziellen Schwierigkeiten und dies und das und jenes.

Aber letztlich gibt es nur zwei Möglichkeiten: bleiben oder gehen. Nur diese beiden gibt es. Wenn ich überzeugt bin von der Richtigkeit meiner Entscheidung, wird es auch das Umfeld akzeptieren können, zumindest nach einer gewissen Zeit. Aber wenn ich einfach bleibe, weil ich mich nicht entscheiden kann zu gehen, dann sieht es aus wie eine Entscheidung, aber es ist keine. Und es wird einen irgendwann einholen. Ganz sicher. Vielleicht entscheidet auch hier jemand anderer. Vielleicht sagt dann der Partner: Jetzt gehe ich.

Es nützt dann nichts mehr zu sagen: Aber ich bin damals geblieben. Das interessiert jetzt nicht mehr, zumal der andere ja auch nicht gewusst hat, dass sich der Partner mit Abwanderungsgedanken trug. Ich nenne das 70- oder 50-Prozent-Entscheidungen. Meiner Erfahrung nach sind sie nutzlos und außerdem nicht authentisch, ohne Überzeugung. Angst führt immer zu Entscheidungen, die nicht richtig sitzen, die man nicht vertreten kann und die dadurch auch für die anderen undurchschaubar werden.

TOP 1
Erwarten Sie kein nachträgliches Lob für Entscheidungen, die Sie nicht getroffen haben.

Wenn ein Schiedsrichter entscheiden muss, gibt es keine 50 oder 70 Prozent, es kann nur heißen Elfmeter oder kein Elfmeter. Dazwischen ist nichts. Entweder man bleibt oder man geht. Und wenn man nur wegen der Kinder bleibt, dann spürt das irgendwann auch das Umfeld, natürlich auch die Kinder und eigentlich ist damit überhaupt niemandem geholfen. Man muss damit rechnen, dass sie eines Tages sagen: Wärst du doch gegangen, hättest du damals den Schritt gewagt. Wir haben doch gespürt, dass es nicht mehr rund lief. Das sind Situationen, die für niemanden befriedigend sind.

Die verschiedenen Typen von Entscheidungsvermeidern

Der Mangel an Mut ist ein weit verbreitetes Phänomen, aber die Angst hat unterschiedliche Ursachen. Ob es soziologisch haltbar ist, weiß ich nicht, aber mir scheint, dass es drei Typen von Entscheidungsvermeidern aufgrund von Angst gibt:
1. **Menschen, die den Gedanken nicht ertragen können,** möglicherweise falsch zu entscheiden, und deshalb wie gelähmt sind,
2. **Menschen, die überhaupt keine Verantwortung tragen wollen** und erst entscheiden, wenn sie mit dem Rücken zur Wand stehen und ihnen nichts anderes mehr übrig bleibt,

3. Menschen, die die Entscheidung anderen zuschieben und hinterher die Haltung einnehmen: Eigentlich hätte ich ja gekonnt, aber die Umstände ließen es nicht zu.

Erkennen Sie sich irgendwo wieder? Es gibt natürlich viele Zwischenformen und Übergangszustände, aber ich glaube, im Wesentlichen ist es das. Egal, um welchen Typ es sich handelt: Ohne den Mut zu einem kleinen Schritt wird man den langen Weg zu unbeschwerten Entscheidungen nicht schaffen.

TOP 2
Fangen Sie mit kleinen Schritten an, Ihre Angst zu überwinden. Aber fangen Sie an.

Ich bin überzeugt, viele Menschen haben sich in ihren Angstträumen schon so fest eingerichtet, dass sie glauben, es müsste so sein. Aber glauben Sie mir, es ist falsch und es hält Sie selbst von den Dingen ab, die Sie mühelos bewältigen könnten.

Typ 1 beispielsweise verstrickt sich auf der Suche nach dem Richtigen in fruchtlose Argumentationen, Ausweichmanöver und Anläufe, die in irgendeine Richtung führen, nur nicht zum Ziel. Und das Ziel wäre genau der Punkt, an dem man sagt: Ich mache es so und nicht anders. Über diesem Herumkreisen kann viel Zeit ins Land gehen, Freunde werden befragt, vorläufige Entschlüsse mitgeteilt, Änderungen verkündet und weitere Optimierungen ins Auge gefasst. Im Privatleben ist das schon unangenehm, aber wenn man beruflich mit solchen Leuten zu tun hat, kann man wirklich verzweifeln.

Von dem Leiter einer Werbeagentur habe ich gehört, dass die Unentschlossenheit unter den Kunden offenbar immer größer wird. Wenn eine neue Kampagne für ein Produkt angeschoben werden soll, beauftragen die Werbe- oder Marketingleiter daher nicht – wie früher üblich – eine oder zwei Agenturen damit, Vorschläge zu unterbreiten, sondern fünf, sechs oder sogar noch mehr. Ihre Briefings werden immer länger, das heißt, es gibt seitenweise Informationen über Hintergrund und Entwicklung des Unternehmens oder Produkts und jede Menge nebulöse Aussagen über Potenziale, Marktsegmente usw. Nur keine Aussagen dazu, was das Ziel ist, welche Richtung eingeschlagen und welcher Inhalt eigentlich transportiert werden soll. Die sechs bis zehn Agenturen präsentieren dann ihre Ideen und Entwürfe, versehen mit ebenfalls seitenlangen Erklärungen, was Hinter- und Vordergrund des Konzepts ist – man muss ja auf derselben Ebene bleiben.

Grassiert in vielen Unternehmen: die Unentschlossenheit

Normalerweise sollte dann eine Entscheidung getroffen werden: Der Ansatz der Agentur X ist gut, den bauen wir aus. Die Realität sieht oft anders aus, weil natürlich jemand, der so viele Agenturen beauftragt hat, gar nicht in der Lage ist, die Vorzüge einer Idee zu erkennen und sich dafür zu entscheiden. Stattdessen kommt er mit Sicherheit auf den Gedanken, dass man alle positiven Elemente der Entwürfe aus den Agenturen A, B und C zusammenführen könnte und außerdem noch die Farbe, die Agentur D so überzeugend eingesetzt hat. Sie lachen vielleicht, wenn Sie nichts damit zu tun haben, oder Sie glauben, dass die Geschichte konstruiert ist. Mitnichten, es handelt sich um die traurige Wahrheit in vielen Fällen. Jeder vernünftige Mensch erkennt: Das Verfahren ist absoluter Blödsinn, und zwar schon vom Ansatz her. Es soll verdecken, dass von Beginn an ein Mangel an Präzision und Zielsetzung herrscht, der durch eine größere Auswahl natürlich nicht beseitigt, sondern immer weiter potenziert wird.

TOP 3
Verschleiern Sie Ziellosigkeit nicht, indem Sie die Zahl der Optionen erhöhen.

Viele Leute verbringen bei diesem Verfahren viel Zeit mit vollkommen unnötiger Arbeit. Zehn Agenturen zu informieren, den Kontakt zu halten, Termine zu machen, auszuwählen, Korrekturen zu veranlassen – das alles dauert und bindet die persönlichen Kapazitäten. Und wenn ein zufriedenstellendes Ergebnis erzielt wird, dann aus Zufall und nicht durch kluge Planung und klare Entscheidung. Damit wir uns nicht missverstehen: Ich will damit nicht die Marketingleute diffamieren. Sie sind nur ein Beispiel für ein weit verbreitetes Sicherheitsdenken, das auf der irrigen Annahme beruht, durch mehr Auswahl sinke die Gefahr, etwas zu übersehen bzw. das eigentliche Ziel zu verpassen.

Der Übergang von Typ 1 zu Typ 2 ist häufig fließend. Es kommt zu keiner Entscheidung in der Phase, in der man noch gewisse Freiheiten hätte, die Parameter der Situation zu ändern. Erst wenn gar nichts anderes mehr geht, also beispielsweise eine Unterschrift geleistet werden muss, Drohungen geäußert werden oder der Chef einem die Pistole auf die Brust setzt, wird die Entscheidung getroffen. Im eigentlichen Sinn ist es dann keine mehr, da man jeden Gestaltungsspielraum verloren hat und keine Alternativen mehr bestehen. Ich habe häufig beobachtet, dass es dann zu einer Art Übersprungreaktion kommt: Die vorherige Entschlusslosigkeit soll durch eine Art Entscheidungsattacke wettgemacht werden. Scheinbar nimmt der Betreffende das Heft in die Hand, in Wahrheit ist dieses Das-machen-wir-jetzt-so-und-nicht-anders aber nur Ausdruck der Verzweiflung und der Ausweglosigkeit. Mit großem Getöse und rituellen Gesten soll das verdeckt werden.

Hauruck-Entscheidungen: oft Zeichen von Hilflosigkeit

Interessant ist, dass sich solche Leute häufig für wirklich tolle »Entscheider« halten, für Menschen, die wichtige Dinge auf den Weg bringen und in die richtige Richtung lenken. Das heißt, gerade dieser Typ befindet sich fatalerweise in großer Zahl im mittleren und oberen Management.

Typ 3 schafft es, Entscheidungen zu vermeiden bzw. anderen aufzubürden und sich damit aus der Affäre zu stehlen, zumindest für eine gewisse Zeit. Das läuft über windelweiche Ausreden, man sei nicht zuständig oder man müsse noch diese und jene Informationen einholen. Oder bei sehr wichtigen bzw. schwierigen Entscheidungen sogar durch Ausweichmanöver wie Krankheit. Das Fatale daran ist, dass jemand anderer diese Entscheidung treffen muss, der vielleicht weniger qualifiziert ist oder nicht genau Bescheid weiß. Dann ist es natürlich ganz einfach für den Drückeberger zu sagen: Na, das war ja zu erwarten, dass es nicht funktionieren würde. ICH hätte ... Aus der sicheren Position der Verweigerung heraus gelingt im Nachhinein jede Entscheidung. Auf den Prüfstand kommt sie ja nicht mehr.

TOP 4
Schieben Sie anderen nicht Entscheidungen zu, die Sie selbst treffen müssen.

Das Abwälzen von Entscheidungen auf andere kann enorm raffiniert durchgeführt werden. Ich habe das einmal bei einer Beziehungskrise im Freundeskreis erlebt. Das Paar war schon einige Jahre zusammen, und man hatte den Eindruck, dass die beiden gut zueinander passten, es war aber offenbar eine gewisse Routine, um nicht zu sagen, Ermüdung eingetreten. Vor allem er war nicht ganz zufrieden und wirkte irgendwie unruhig, brachte aber nicht den Mut auf zuzugeben, dass die Beziehung von seiner Warte aus kurz vor dem Ende stand. Er hat es der Frau dann auf andere Weise »mitgeteilt«, nämlich indem er eine Affäre begann – und sich kaum oder gar nicht bemühte, das geheim zu halten. Es gab Telefonate in eindeutigem Tonfall, unglaubwürdige Auswärtstermine usw., die ganze Palette eben. Er hat sich kurzum so schlecht benommen, dass schließlich die Frau sagte: »Es ist genug, ich will nicht mehr, ich trenne mich.«

Anfangs habe ich gar nicht begriffen, was da passierte, aber dann ist mir klar geworden, was abgelaufen war. Er wollte sich trennen, traute sich aber nicht. Denn er ist so ein Typ, der von allen geliebt werden möchte und für den es am allerschlimmsten ist, etwas Unpopuläres zu machen. Nicht aus Loyalität oder Liebe oder einem anderen Gefühl, sondern weil es nicht zu seinem Selbstbild passt. Also hat er es so weit getrieben, dass sie die Entscheidung fällte. Er kam aus der Situation als doppelter Profiteur heraus: Er hatte sein Ziel erreicht, und er war scheinbar nicht »schuld« daran. Er konnte sich sogar noch zum Opfer stilisieren. Und hat das in vielen Gesprächen bei allen Freunden und Bekannten auch gemacht.

Ich beschreibe diese Negativbeispiele nicht, um jemanden zu beschämen oder gar zu beleidigen, sondern um darzustellen, wie sich Menschen mit Angst vor Entscheidungen gebärden können, wie sie ihre Ausweichmanöver tarnen. Vielleicht gehören Sie ja auch gar nicht zu den aufgeführten Entscheidungsvermeidern. Aber selbst dann: Sie sind davon betroffen, weil Sie entweder diesen Mangel der anderen mittragen müssen oder weil Ihre Kollegen, Chefs oder Ehepartner zu einem dieser Typen gehören. Und es ist auf jeden Fall sinnvoll, die Strukturen solcher Situationen zu begreifen. An Ihren Mitmenschen können Sie im Grundsatz letztlich wenig ändern, Ihre Mitarbeiter können Sie auf jeden Fall ermutigen bzw. sogar zwingen, sich bestimmten Situationen zu stellen. Und Sie selbst können an sich arbeiten und lernen, Ihre eigenen Verhaltensweisen zu durchschauen.

Vielfältige Ausweichmanöver in allen Lebensbereichen

Die beiden Pole einer Entscheidung

Entscheidungen sind in gewisser Hinsicht von einander widerstrebenden Aspekten gekennzeichnet. Sie müssen von einem Menschen getroffen werden, haben aber fast immer Auswirkungen auf andere und damit auch auf Ihre persönliche Position in der Gemeinschaft oder Gruppe. Ganz egal, ob es sich um Familie, Unternehmen, Liebesbeziehung oder Sportverein handelt: Sie allein müssen einen Entschluss fassen, aber die Konsequenzen spüren alle. Erinnern Sie sich an das Beispiel vom Anfang des Kapitels, an den türkischen Verteidiger, der sich entschloss, den Kroaten nicht zu foulen. Es verdeutlicht in konzentrierter Form die wesentlichen Aspekte einer Entscheidungssituation: Er musste allein und als Individuum entscheiden, aber es hatte Konsequenzen für die Mannschaft und für sein Land – zumindest unter Fußballfans. Da gehört schon eine Menge dazu, bei der Stange zu bleiben und sich gegen die Mehrheit und ihre Erwartungen zu stellen.

Angst vor Verlust der Gemeinschaft führt zu Entscheidungsschwäche

Wahrscheinlich hat die weit verbreitete Angst, Entscheidungen zu treffen, hierin ihren Ursprung. Der Mut verlässt einen, weil man sich mit einer Entscheidung zumindest für kurze Zeit, manchmal auch prinzipiell, außerhalb der Gemeinschaft stellt. Man muss Farbe bekennen, und das kann schmerzliche Folgen haben. Zumindest befürchtet man unangenehme Konsequenzen, und die empfundene Angst davor ist genau so wirksam wie die realen Konsequenzen.

Wir scheuen davor zurück, uns zu exponieren. Ich glaube, zu einem wesentlichen Teil ist dies tatsächlich der Angst vor dem Alleinsein geschuldet. Vielleicht ist es eine anthropologische Sache: Da die Menschheit nur in Gemeinschaften überleben kann, empfindet man eine Abneigung dagegen, sich außerhalb einer solchen Gemeinschaft zu stellen. Natürlich wird einem das in harmloseren Situationen gar nicht mehr in aller Klarheit bewusst. Aber als unterschwellig vorhandene Hemmung ist diese Angst öfter vorhanden, als man glaubt. Und es ist nicht ganz einfach, sich darüber hinwegzusetzen, das habe ich selbst manches Mal erfahren müssen.

Ein besonders eindrückliches Erlebnis dieser Art hatte ich im November 2003, als in der Champions League die Begegnung Juventus Turin gegen Bayer Leverkusen anstand. Es war im November, ein schöner Tag. Auf der Fahrt zum Stadion bekamen wir einen Anruf der UEFA, dass rund um die Arena starker Nebel sei. Tatsächlich wurde die Sicht immer schlechter, je näher wir an das Stadion Delle alpi kamen. Im Stadion haben wir dann gewartet, ob sich der Nebel auflöst. Die beiden Mannschaften wollten das Spiel durchführen, doch ich fand, dass der Nebel weiterhin sehr dicht war. Also versuchte ich, ein objektives Kriterium zu finden. Ich war der Meinung, dass man danach entscheiden sollte, was die Zuschauer im Stadion und an den Bildschirmen sehen würden. Ich bin also hoch zu der Führungskamera, habe durch das Objektiv geschaut und feststellen müssen: Man sieht quasi nichts. Das ist unbefriedigend für die Zuschauer und das Spiel hätte nicht regulär durchgeführt werden können. Also habe ich das Spiel abgesagt, mit Zustimmung des UEFA-Delegierten und der anderen Verantwortlichen.

Der Ersatztermin für das Spiel wurde für die darauffolgende Woche festgesetzt. Sie werden es kaum glauben: An dem Tag herrschten dieselben Wetterverhältnisse, dieselbe Temperatur, dieselbe Feuchtigkeit, also derselbe Nebel wie in der Woche zuvor. Im Stadion waren 30 000 Zuschauer, die Mannschaften waren da, die Trainer, die Helfer, die Journalisten, eben jeder, der dazugehört. So etwas baut einen ordentlichen Druck auf, wie Sie sich vorstellen können. Und in der Wiederholung war die Situation noch prekärer als beim ersten Mal. Man entwickelt einen inneren Widerstand dagegen, dasselbe nochmal zu machen. Entsprechend deutlich spürbar war die Nervosität unter uns.

Dann kam es zu einem Ereignis, das man vor allem schätzen kann, wenn man einen ausgesprochenen Sinn für Situationskomik aufbringt. Ich ging aus dringendem Grund auf die Toilette, die sich hinter dem Raum der Schiedsrichter befand. Während ich da saß und mich den körperlichen Vorgängen widmete, hörte ich, wie im Schiedsrichterraum der UEFA-Delegierte und ein paar andere über die Situation debattierten, ohne zu ahnen, dass ich alles mitbekam. Der Delegierte sagte schließlich: »Wir lassen auf jeden Fall spielen, basta.« Ich schloss mein Geschäft ab, ging raus und sagte: »Ich entscheide und sonst keiner.« Das war durchaus kühn, denn im Rang steht der UEFA-Delegierte prinzipiell über mir, die Entscheidung in diesem Fall lag jedoch bei mir als Spielleiter. Ich war im Recht, aber es war ein wenig heikel. Ich bin also hoch zur Führungskamera, um zu prüfen, ob man noch irgendetwas auf dem Spielfeld erkennen konnte. Wie eine Woche zuvor: Es war quasi nichts zu erkennen.

Also beschloss ich: Es wird nicht gespielt. Das war schon ziemlich unangenehm, alle wollten das Spiel durchziehen, nur ich nicht. Sagen Sie mal 30 000 Zuschauern, sie sollen wieder nach Hause gehen, genauso wie in der letzten Woche. Die Mannschaften waren sauer, die Presse war verärgert. Kurzum: Ich hatte mir mit meiner Entscheidung keine Freunde gemacht. Dazu kam das Problem, den neuen Termin festzulegen. Die Mannschaften wollten unbedingt im

Januar spielen. Das war aber unmöglich, da dann die neue Auslosung der Champions League stattfinden würde. Also legte die UEFA nach einigem Hin und Her den darauffolgenden Donnerstag fest.

Wettermäßig war der Tag wunderbar, aber es waren kaum mehr als 4000 Zuschauer im Stadion und die Leverkusener verloren mit 0 : 4.

Keine Angst vor Blamagen

Selbst wenn Sie meinen, dass Sie oder andere ungern Entscheidungen treffen, weil Sie keinen Fehler machen wollen: Es geht doch eigentlich gar nicht um den Fehler oder um bestimmte Grausamkeiten, die man anderen antun müsste, sondern um das Gefühl der Blamage und der Unterlegenheit, um Ihre geschwächte Position in der Abteilung, dem Freundeskreis oder sonst wo. Sie fürchten sich vor dem Gefühl, dass alle auf Sie schauen und sagen oder denken: Wer hätte das gedacht, nicht einmal so eine kleine Sache kriegt sie bzw. er fehlerfrei hin. Oder Sie befürchten, dass die Mitarbeiter aus einer Fehlentscheidung Rückschlüsse auf Ihre Intelligenz oder Ihre Bildung ziehen oder generell Ihr Urteilsvermögen bezweifeln. Oder dass Sie die Zuneigung Ihrer Kollegen verlieren, wenn Sie eine unpopuläre Entscheidung treffen.

Führungsschwäche basiert häufig auf Angst vor Ansehensverlust

Führungsstärke zeigt sich zweifellos auch darin, dass man diese Angst beherrscht und fähig ist, das einmal gefasste Ziel weiter zu verfolgen. Nur so ist man in der Lage, weiter mit rationalen Argumenten für seine Sache zu werben und unpopuläre Entscheidungen nachvollziehbar zu machen, zum Beispiel Mittelkürzungen oder gar Entlassungen. Vielleicht erwirbt man sich mit einer klaren Linie keine Freunde – das ist aber auch nicht das Ziel –, mit Sicherheit jedoch Respekt.

Es geht nicht darum, rücksichtslos zu agieren und »seinen Stiefel durchzuziehen«, sondern darum, glaubwürdig zu bleiben und damit auch den Betroffenen zu helfen. Denn wenn Sie anfangen, unter Druck herumzueiern, und Zugeständnisse machen, weil Ihnen Ihre Entscheidung unangenehm ist, muss sich der andere denken, dass Sie ihn nicht ernst genommen haben, dass Sie leichtfertig über ihn entscheiden wollten. Das gilt für positive Entscheidungen ebenso wie für negative.

Sehr eindrücklich ist mir das klar geworden bei einer Entscheidung mit weitreichenden Konsequenzen für den Betroffenen. Erinnern Sie sich an die Weltmeisterschaft 2002, in Japan und Südkorea? Ich leitete am 25. Juni das Halbfinale zwischen Südkorea und Deutschland. Die meisten Menschen gingen davon aus, dass es eine ganz klare Partie für Deutschland sein würde.

Das war sie letztlich auch, doch kam es zu einem tragischen Ereignis, dessen Held Michael Ballack wurde. Mit Gelb vorbelastet betrat er den Platz. Es stand 0:0 und alles war noch offen. Doch dann kam es zur entscheidenden Situation: Nach der Unachtsamkeit eines Mitspielers konnte Ballack den auf Oliver Kahn zustürmenden Südkoreaner nur noch mit einem Foul kurz vor dem eigenen Tor stoppen. Ballack hatte die Notbremse gezogen. Mir blieb nichts anderes übrig, als dasselbe zu tun: Ein Pfiff, ein Griff und er sah Gelb!

Stärke zeigen, auch bei unangenehmen Konsequenzen

Einen Moment nur hatten für ihn die Konsequenzen an Wichtigkeit verloren. Die Mannschaft und das gemeinsame Ziel, im Finale der Weltmeisterschaft zu stehen, hatten Priorität. Er hatte diese Entscheidung getroffen, weil es die einzige Möglichkeit war, dieses Tor zu verhindern.

Was gibt es Größeres für einen Spieler, als das Endspiel einer WM zu erreichen? Er ist einen langen Weg gegangen und dann, nur um Haaresbreite vom Ziel entfernt, ist alles zu Ende. Mit der zweiten Gelben Karte in diesem Turnier ist er für das Finale gesperrt, das laufende Spiel ist sein letztes Spiel in dieser WM. Erst als er vor mir steht, realisiert er, dass sein persönlicher Traum hier und heute zu Ende geht. Ein zustimmender Augenaufschlag nur, dann ein fassungsloses Gesicht, sein Kopf senkt sich. Wenn das ein Fußballerherz nicht zerreißt, was dann?

Eine besondere Tragik lag auch darin, dass Ballack in der 75. Minute das 1:0 und damit die deutsche Mannschaft ins Finale schoss. Bis heute wird darüber spekuliert, ob Deutschland mit Ballack möglicherweise Weltmeister geworden wäre.

Für mich als Schiedsrichter dürfen solche Überlegungen jedoch keine Rolle spielen. Wenn wir als Unparteiische darüber nachdenken würden, welche persönlichen Konsquenzen für Betroffene unsere Entscheidungen nach sich ziehen könnten, dann wäre die Leitung eines Spiels unmöglich. Wenn ich in dieser Situation eine Ausnahme gemacht hätte oder Angst vor meiner eigenen Entscheidung gezeigt hätte, dann hätte ich mich unglaubwürdig gemacht und jede Autorität für den Rest des Spiels und wahrscheinlich für viele weitere Spiele verloren.

TOP 5
Lassen Sie nicht zu, dass Angst Ihren Handlungsspielraum einschränkt.

Angst verhindert jede Form von Freiheit und hält sie gefangen im Netz von tausend Sorgen und Gedanken – dabei ist noch gar nichts passiert. Dennoch unterlässt man dann eine Entscheidung oder findet Argumente dafür, auszuweichen. In der Regel ist man ja gar nicht mit tragischen Aspekten oder Situationen von weitreichenden Konsequenzen konfrontiert. Schon deshalb ist das ängstliche Kreisen um ein Problem überflüssig. Diese Angst auf Vorrat schränkt nur den Spielraum ein – eine denkbar schlechte Voraussetzung für gute Entscheidungen. Befreien Sie sich von solchen Gedanken. Ihre Befürchtungen entsprechen nicht der Realität, sondern sind ja zunächst nur Vorstellungen, um nicht zu sagen Einbildungen. Natürlich ist es nicht einfach, diese Hemmungen abzuschütteln, aber mit Angst behaftet kommen Sie beim Entscheiden keinen Schritt weiter.

Keine Entscheidung ohne Mut

Es gibt keine andere Möglichkeit, als Mut zu beweisen. Im Kleinen wie im Großen, in Ihren eigenen Angelegenheiten ebenso wie in denen Ihres Unternehmens oder Ihrer Familie. Und es geht. Sie müssen vielleicht ein paar Krusten Ihres Sicherheitsbedürfnisses wegsprengen, aber es ist möglich, Sie werden es erleben. Versuchen Sie es einfach.

Mut als Basis guter Beziehungen

Vielleicht fällt Ihnen die Arbeit daran etwas leichter, nachdem Sie sich klargemacht haben, dass Sie letztlich einer

Täuschung erliegen, wenn Sie fürchten, durch Entscheidungen mit all ihren Nebenaspekten die Zuneigung oder Achtung Ihrer Mitmenschen zu verlieren. Es mag vielleicht auf den ersten Blick so wirken, als ob Klarheit in der Aussage und mutiges Auftreten gegen die Gesetze der sozialen Harmonie verstoßen. Das tun sie ganz sicher nicht. Ganz im Gegenteil: Ich bin überzeugt davon, dass Mut vor allem eine soziale Stärke ist und als solche auch wahrgenommen wird.

Zunächst verbindet man Mut ja mit der eigenen Person, mit sich selbst. Das ist natürlich richtig. Aber schaut man genauer hin, dann wird doch deutlich, dass Mut auch wesentlich für die Gestaltung der Beziehung zu anderen Menschen ist. Warum?

Weil Mut
1. wesentlich für die Berechenbarkeit, man kann auch sagen Zuverlässigkeit von Beziehungen ist,
2. beflügelt und damit bessere Ergebnisse zeitigt,
3. dem Selbstbewusstsein dient und somit zu mehr Sicherheit führt.

Mut findet für viele Leute nur in Agentenfilmen oder Western statt. Im realen Leben verbinden sie Mut mit Anstrengung, Risiko und Scheitern. Das trifft die Sache nicht im Entferntesten.

Mut führt
1. zu neuen Erlebnissen,
2. interessanten Erkenntnissen und
3. einem höheren Niveau von Entscheidungen.

Mut verändert die Fakten

Ich erinnere mich an mein erstes Champions-League-Halbfinalspiel, Manchester United gegen Borussia Dortmund. Da hat mir der Mut geholfen, und zwar in Form einer großen Unbeschwertheit. Ich war natürlich nervös wegen der Bedeutung des Spiels und der Konsequenzen, die ein schlechter Job für mich gehabt hätte. Hätte ich mich nicht bewährt, wäre es mit meiner Karriere als Schiedsrichter auf internationaler Ebene dann auch schon wieder vorbei gewesen. Eigentlich war ich noch gar nicht so weit, ein wichtiges internationales Spiel zu leiten. Ich hatte zwar schon viel Erfahrung, aber eben nicht auf dem Niveau. Im Nachhinein muss ich zugeben, dass diese Partie viel zu früh für mich kam, aber es war nun einmal so. Und zu sagen: Können Sie mich vielleicht in ein oder zwei Jahren nochmal fragen, kam für mich nicht in Frage. Auf jeden Fall war ich einerseits von der Bedeutung des Spiels ganz erfüllt, andererseits habe ich es aber geschafft, das irgendwie auszublenden. Die Sorge, ich könnte den Anforderungen nicht genügen, habe ich irgendwohin verbannt, jedenfalls habe ich sie nicht bestimmend werden lassen. Und ich habe nicht draufgängerisch, aber doch unbeschwert entschieden. Unter anderem habe ich zwei Tore der Engländer annulliert, was ja immer eine heikle Sache ist. Zumal sie dann am Schluss 0:1 verloren und nicht ins Finale kamen.

Wie gesagt, ich hätte es auch sein lassen können. Aber die Sache erschien mir nicht unlösbar und deshalb hat mir mein Mut in genau der Situation geholfen, nicht der Anspannung zu erliegen. Er war genau das, was ich brauchte, um unbeschwert das zu tun, was ich für richtig hielt. Das hat mir die Erfahrung vermittelt: Ich kann das. Und mir somit auch Sicherheit für die folgenden Spiele gegeben. Hätte ich mich vor Angst gekrümmt, wäre es hundertprozentig zu Situationen gekommen, in denen ich falsche Entscheidungen getroffen hätte, um meine Unsicherheit zu überdecken. Aber so lief alles tadellos ab. Mut gibt einem die Kraft, etwas zu schaffen, was rein nach der Faktenlage eigentlich nicht gut gehen kann. Und deshalb ist es sinnvoll und vernünftig, nicht auf die Angst zu hören, sondern mutig auf sich selbst zu vertrauen und damit Erfahrungen zu machen, die einen ein großes Stück weiterbringen.

Ich habe eben die »Faktenlage« erwähnt. Dabei handelt es sich eigentlich um eine Schimäre. Letztlich ist es so, dass man eine Situation in ihrer Komplexität niemals genau vorhersehen kann. Es spielen so viele Faktoren hinein, die nie von vornherein feststehen, sondern sich aus der Dynamik einer aktuellen Entwicklung ergeben, sodass man sowieso nicht hundertprozentig abgesichert eine Entscheidung treffen kann. Wenn die Dortmunder einen schlechten Tag gehabt und mich dauernd in Konflikte gebracht hätten, dann wäre vielleicht alles ganz anders gelaufen. Das hätte ich mir vorher ausmalen und meinen Sorgen damit Nahrung geben können. Nur, was hätte es genutzt? Ich meine, der Mut ist notwendig, um überhaupt zum Handeln zu kommen und in die Lage, einer Situation seinen Stempel aufdrücken zu können.

Entscheiden kann nur einer

Ich habe oben schon das Verhältnis zwischen Einzelnem und Gruppe bei Entscheidungen angesprochen. Dort ging es um die Auswirkungen, die Entscheidungen auf andere haben. Es gibt aber noch einen anderen Aspekt, nämlich die Frage, ob Entscheidungen überhaupt von mehreren gefällt werden können. Und die Beantwortung dieser Frage hängt essenziell mit dem Mut zusammen. Es wird Sie wahrscheinlich nicht überraschen, dass ich der Ansicht bin: Entscheidungen kann nur einer treffen. Es mag Ausnahmen in außergewöhnlichen Situationen geben, aber grundsätzlich ist es der eine, der die Entscheidung fällt.

Im Zeitalter der Teamarbeit und der flachen Hierarchien klingt diese Aussage möglicherweise altmodisch oder sogar anmaßend. Wenn Sie auch dieser Ansicht sind, möchte ich Ihnen im Folgenden zeigen, dass es gar nicht anders geht. Ich plädiere ja nicht für ein ungezügeltes Chefverhalten, sondern dafür, zu akzeptieren, dass Verantwortung – und letztlich geht es bei Entscheidungen ja immer um die Übernahme von Verantwortung – nicht verteilt werden kann. Mir ist natürlich bewusst, dass es eine gewisse Portion an Mut erfordert, um diese Tatsache zu akzeptieren. Auf der anderen Seite ist auch Mut oder zumindest Haltung erforderlich, um sich unterzuordnen und die Führungsrolle anderer zu akzeptieren. Dazu später noch mehr.

Basis von günstigen Entscheidungssituationen in Unternehmen oder auch anderen Gruppenorganisationen ist deshalb immer, dass die Zuständigkeiten klar sind. Wer entscheidet was? Was wird von denen erwartet, die Entscheidungen mit vorbereiten oder Beiträge zur Entscheidungsfindung liefern? Wenn das nicht klar ist, zerfasert der ganze Prozess und es wird sehr schwierig, zum Ziel führende Entscheidungen zu treffen.

TOP 6
Klären Sie so früh wie möglich die Zuständigkeiten.

Das Verhältnis zwischen Schiedsrichter und Assistenten ist ein Paradebeispiel für die Notwendigkeit, für Entscheidungssituationen möglichst vorher klare Zuständigkeiten zu definieren. Es scheint, zumal für Fußball-Laien, relativ einfach zu sein: Der Chef ist der Schiedsrichter, die Assistenten (früher Linienrichter) stehen an der Linie, eben am Rand. Das stimmt und muss auch so sein, aber dazwischen gibt es noch jede Menge Zonen, in denen der eine meinen könnte, dass der andere auch noch diese oder jene Aufgabe hätte.

Die Assistenten haben per se die untergeordnete Aufgabe, sie sind für die Abseits- oder Einwurfentscheidungen zuständig. Dennoch sind sie sehr wichtig und tragen oft zur Entscheidung und zum Erfolg des ganzen Spiels bei. Unter Umständen kommt ihnen aber auch einmal eine große Rolle zu und sie sind diejenigen, die ein Spiel retten müssen. Das passiert vielleicht einmal in hundert Spielen, aber dann müssen sie eben auf dem Posten sein und sich auch trauen, die Entscheidung zu übernehmen. Deshalb habe ich es immer als sehr wichtige Aufgabe angesehen, den Assistenten klarzumachen, was ich von ihnen erwarte, was sie tun und lassen sollen – und an welchen Stellen sie die Verantwortung übernehmen müssen. Einerseits darf man sie nicht einengen und in ein Korsett zwängen, sodass sie im entscheidenden Moment nicht das tun, was notwendig wäre. Das sind die Situationen, in denen es darauf ankommt, in denen es um eine Rote Karte oder eine Aktion im Strafraum

Partnern Sicherheit vermitteln, um ihre Entscheidungen zu verbessern

gehen kann, also Elfmeter. Einen Elfmeter vielleicht, der den Ausschlag dafür gibt, dass eine Mannschaft ausscheidet. Oder sie müssen ein Tor annullieren. Wenn die Assistenten Angst vor solchen Situationen haben, dann kommt keine Entscheidung zustande. Deshalb habe ich immer sehr darauf geachtet, das Vertrauen, das ich in sie habe, deutlich zu machen. Denn nur wenn diese Sicherheit bei ihnen vorhanden ist, besteht die Chance, dass sie das Richtige im richtigen Moment tun.

Andererseits müssen sie aber auch genau wissen, wer das Sagen hat: der Schiedsrichter. Gleichwohl muss man zugestehen, dass sie sich in einer schwierigen Situation befinden. Auf der einen Seite sagt man, du hast keine Entscheidungen zu fällen, das mache ich, misch dich nicht ein. Ich habe diese Fähigkeiten, darum bin ich der Schiedsrichter und du bist der Assistent, weil du diese Fähigkeiten nicht hast. Die Assistenten sind ja oft selbst Schiedsrichter in den unteren Ligen, aber eben nicht in den internationalen Spielen, weil ihnen eben das Quäntchen abgeht, das man fürs Topniveau noch braucht.

Ehrgeiz ist gut, Profilneurosen sind schlecht

Es spielen also bei vielen Assistenten gewisse Profilierungswünsche eine Rolle, das ist normal. Sie dürfen nur nicht auf Kosten des Schiedsrichters bzw. des Spiels gehen. In Deutschland ist es außerdem so, dass ein guter Assistent noch aufsteigt. In seiner Bewertung spielt auch das Foulanzeigen eine Rolle. Wenn er ein Foul anzeigt, bekommt er einen Pluspunkt. Das heißt, man musste erst mal die Inspizienten schulen und ihnen beibringen, dass es kein Pluspunkt ist, wenn ein Assistent dauernd dem Schiedsrichter Entscheidungen aufzwingt.

Es führt daher kein Weg daran vorbei, ganz klar zu sagen: Ich bin hier zuständig für die Entscheidung, nicht du. Aber wenn du siehst, dass ich ganz schlecht stehe, dass ich einen Verstoß nicht sehen konnte, dass ich weit weg bin, wenn du also vielleicht etwas siehst, was das ganze Stadion sieht, aber ich nicht, weil ich ungünstig stehe, dann musst du die Entscheidung fällen. Das könnte zum Beispiel der Fall sein, wenn jemand den Ball mit der Hand spielt und der Schiedsrichter sieht es nicht, weil er viele Meter weit weg ist. Dann muss der Assistent spüren, ob der Schiedsrichter das gesehen hat. Aber ihn so weit zu bringen, dass er dir vielleicht nach 40 oder 50 Spielen das Spiel rettet, das braucht Vertrauen, das man lange vorher aufgebaut haben muss.

TOP 7
Respektieren Sie die Menschen, die unter Ihnen stehen.

Meiner Einschätzung nach habe ich das mit meinen Assistenten immer geschafft. Sie wussten immer, dass ich ihnen Wertschätzung entgegenbringe und ihnen vertraue, ebenso wie sie mir vertrauen konnten. So brauchten sie sich nicht nutzlos, als Lakaien zu fühlen, weil sie »nur« die Abseits- oder Einwurfentscheidungen fällen durften. Sie wussten genau, worauf es ankommt. Es war ihnen klar, dass sie ihre

Sachen gut machen und mir die anderen Entscheidungen überlassen sollten. Und sie wussten auch: Nur so haben wir Erfolg.

Früher bildeten wir Teams mit dem Schiedsrichter als Kopf. Dann hat man diese Konstruktion aufgelöst und aus den Linienrichtern Assistenten gemacht, was nach mehr klingen sollte (mir hat das schon vom Wort her jedoch nie ganz eingeleuchtet).

Die FIFA wollte sie aufwerten und gab ihnen auch mehr Kompetenzen. Das war aber ein Kardinalverstoß gegen die Grundsätze von Führung und Entscheidung. Die Assistenten verzettelten sich nämlich mit ihren neuen Aufgaben. Sie konzentrierten sich nicht mehr auf das Wesentliche, sondern waren damit beschäftigt, auf Foulspiel oder auf Nebensächlichkeiten zu achten: Was macht der Trainer, was machen die Spieler?

Sie verloren ihre Hauptaufgabe der Abseitsbeurteilung aus den Augen, kamen sich wie Schiedsrichter vor und reagierten entsprechend. Alles was im Umkreis von 20 oder 30 Metern passierte, zeigten sie an, Foulspiel oder nicht usw. – und das ging nicht. Man kann als Schiedsrichter nicht zehn Meter neben einer Aktion stehen und der Assistent, der 20 Meter weiter weg ist, zeigt es als Foulspiel an. Es entscheidet der Schiedsrichter, ob weitergespielt wird oder nicht. Er ist ja schließlich der Spielleiter.

Außerdem gab es einen weiteren ungünstigen Effekt: Weil sich die Assistenten verzettelten, machten sie viel mehr Fehler bei den Abseitsentscheidungen und -beurteilungen. Das fiel dann auf den Spielleiter bzw. auf alle zurück. Es hat viel Kritik gegeben.

Kompetenzerweiterung kann zu Unsicherheit führen

Beliebt: einfache Entscheidungen ungefragt fällen, schwierigen ausweichen

Zumal wir außerdem das Problem hatten bzw. teilweise immer noch haben: In klaren, einfachen Situationen fällen die Assistenten gern Entscheidungen, aber bei den schwierigen, unklaren, da drücken sie sich. Dann entscheiden sie nicht mehr. Das trägt natürlich zu einer großen Verunsicherung bei den anderen bei. Die Spieler erwarten natürlich, dass Kompetenzen durchgehend wahrgenommen werden, nicht mal so und dann wieder anders.

Man muss allerdings auch zugeben, dass es viele Schiedsrichter gegeben hat, die froh waren, dass man ihnen Entscheidungen abgenommen hat. Nur: Das akzeptieren die Spieler nicht. Sobald ein Assistent eine Entscheidung fällt, gibt es Debatten: Was zeigt der an? Stimmt doch gar nicht, wieso der denn? Nur im äußersten Notfall wird die Entscheidung eines Assistenten akzeptiert, im Allgemeinen und per se aber nicht.

Ich habe meinen Assistenten stets in aller Klarheit gesagt: Was immer ihr bei den anderen Schiedsrichtern gemacht habt, bei mir lautet eure Aufgabe 1. Abseits, 2. Abseits, 3. Abseits. Und dann kommen noch die Einwurfentscheidungen. Irgendwann danach gibt es noch die Spezialfälle, also wenn ihr merkt: Jetzt stand ich schlecht, das konnte ich nicht sehen, dann habt ihr die Aufgabe und Pflicht, das zu retten und den Entscheid zu fällen. Dann dürft ihr auch Elfmeter anzeigen und die Rote Karte.

Natürlich ist das nicht immer einfach, weil die Situationen ja stets ein bisschen anders sind und sie abwägen müssen: Was kann ich, was darf ich, was wird erwartet? Diese Probleme der Assistenten sind auch im »normalen« Leben üblich. Vom Nachwuchs wird erwartet, dass er Erfahrungen sammelt und sich profiliert, dass die jungen Leute Gas geben und mit ihrem unverbrauchten Blick ein bisschen Frische ins Unternehmen bringen. Das kann aber auch schnell schiefgehen, wenn sich die jungen Leute zu weit vorwagen. Viele Profilierungsversuche werden von Vorgesetzten falsch interpretiert (manchmal auch richtig): Der sägt an meinem Stuhl. Gleichwohl müssen die Neuen aus sich herausgehen, um zu üben: Kann ich das machen, bin ich überzeugend, bin ich der Aufgabe gewachsen? Es ist schwer für sie, die Grenzen zu erkennen. Daher meine ich, sie sollen – wie die Assistenten – zunächst einmal ihre Kernaufgaben richtig lösen. Und wenn sie das schaffen, dann wird nach und nach ihr Spielraum größer und sie bekommen mehr Aufgaben.

Konfliktpotenzial: Widerspruch zwischen Anpassungs- und Profilierungserwartung

Stringentes Handeln sorgt für Sicherheit

Der Erfolg hängt – wie oben schon gesagt – wesentlich davon ab, dass der Vorgesetzte klar vorgibt, welche Ziele er verfolgt und welche Grenzen er setzt. Er muss berechenbar sein, das mindert die Zahl der möglichen Missverständnisse und beruhigt von Anfang an die Situation, es vermittelt das Gefühl von Sicherheit. Ich kenne das aus dem Fußball: Wenn ein erfahrener, berechenbarer Schiedsrichter das Spiel leitet, wissen die Spieler von vornherein, dass sie sich an die Regeln halten müssen, weil er nichts durchgehen lässt. Sie versuchen gar nicht erst, irgendwas auszuprobieren, ihn zu testen. Bei unsicheren Schiedsrichtern fangen schon beim ersten Foulspiel die Probleme an, weil die Spieler schauen wollen, was man sich bei dem leisten kann.

Auch deshalb ist die Vorstellung, dass Verantwortung teilbar ist und man die Mühen der Entscheidung umgehen kann, indem man noch jemanden einbindet, nicht tragfähig. Beckenbauer hatte mal die Idee, dass man bei Fußballspielen zwei Schiedsrichter einsetzen könnte, je einen in einer Hälfte des Feldes. Man hoffte, dass durch das geringere Laufpensum die Konzentration verbessert würde und die Entscheidungen sicherer würden. Aber natürlich war das vollkommen ausgeschlossen. Der Plan wurde bei einigen Pokalspielen in Italien getestet und nach einem Jahr wieder beerdigt. Der eine Schiedsrichter bekam nicht so recht mit, was der andere tat. Die Konzentration sank sogar, weil sich der eine halt nicht angesprochen fühlte, wenn der Ball in der anderen Hälfte war. Natürlich hörten sie nicht, was der jeweils andere für Dialoge mit den Spielern führte, ob er vielleicht gesagt hatte: »Noch einmal, und du wirst verwarnt.« Und dann kam das nächste Foul, nur in der anderen Hälfte und der Spieler bekam halt keine Gelbe Karte. Es war für alle sehr unbefriedigend und wurde nicht weiter verfolgt.

Unteilbar: die Übernahme von Verantwortung

TOP 8
Ordnen Sie sich unter, wenn es angebracht ist.

Es erfordert Mut, Entscheidungen zu treffen, es erfordert aber ebenso viel Mut, sich unterzuordnen, wenn es an anderen ist, Entscheidungen zu fällen. Das wird oft übersehen, zumal von Leuten, die sich auf Führungsebene befinden. Ich glaube, vielen Menschen ist nicht bewusst, dass sie in ihren verschiedenen Lebensumfeldern auch verschiedene Positionen hinsichtlich der Entscheidungskompetenzen bekleiden. Wer in seiner Firma der Boss ist, ist längst nicht immer der Boss in seinem Verband oder seiner Familie.

Verschiedene Lebensfelder – unterschiedliche Entscheidungskompetenz

Mir scheint, dass vor allem Männer das gern vergessen. Ich höre in meinen Vorträgen oder in Gesprächen häufig von Frauen, dass ihre Männer zu Hause genau den Ton anschlagen, den sie auch im Betrieb pflegen. Mit dem im Unternehmen bewährten Zack-zack-Effizienzton werden dann auch Rasenmähen, Urlaubsplanung und weiterführende Schulen für die Kinder geregelt. Dass der Vollzug ebenso reibungslos funktionieren soll wie bei den Angestellten, versteht sich von selbst. Die Frauen fühlen sich zu Sekretärinnen degradiert, die Kinder nicht richtig wahrgenommen. Das führt zu Verdruss, wenn nicht zu Schlimmerem.

Man ist nicht auf allen Gebieten gleich entscheidungsbefugt, man hat nicht alle Entwicklungsstadien einer Angelegenheit so gut mitverfolgt, dass man immer wüsste, was angebracht ist. Und manche Leute verstehen halt mehr von einer bestimmten Sache als man selbst. Mir ist klar, dass es für Menschen, die dauernd damit beschäftigt sind, Entscheidungen zu treffen (erst recht, wenn sie es sich mühsam angeeignet haben), schwer ist, es auch mal sein zu lassen. Jenseits aller Gewohnheiten und eingefahrenen Verhaltensweisen steckt jedoch darin auch manchmal die Angst, dass Zurückhaltung auf ausgewählten Gebieten als Schwäche im

Ganzen interpretiert werden könnte, nach dem Motto: Wenn ich nicht mal in der Familie das Sagen habe, dann glaubt mir keiner, dass ich die ganze Abteilung in den Griff kriege.

Verständlich, aber trotzdem falsch. Es ist unmöglich, dass Sie überall gleich gut sind. Bringen Sie den Mut auf, anderen das Feld zu überlassen, wenn sie eine Sache besser beherrschen. Ein solches Verhalten hat nur Vorteile:

1. Es werden für alle bessere Ergebnisse erzielt.

2. Sie erhöhen insgesamt Ihre Glaubwürdigkeit, wenn Sie nicht vorgeben, alles selbst am besten entscheiden zu können.

3. Sie erweisen Ihren Partnern, Ihrer Familie und allen anderen den Respekt, der ihnen zukommt, wenn Sie ihnen die Kompetenz auf ihren ureigensten Gebieten zugestehen.

4. Sie legen genau das Verhalten an den Tag, das Sie von anderen erwarten, wenn Sie zu Recht in der Führungs- und Entscheidungsposition sind.

Mir fällt es auch manchmal schwer zu akzeptieren, dass ich nicht für alles zuständig bin. Ich werde oft ungeduldig, wenn ich meine, dass andere zu lange für Entscheidungen brauchen, und neige dazu, »hilfreich« einzugreifen. Aber meistens ist es überflüssig und oft ist es sogar schädlich. Ich habe in den letzten Jahren sehr daran gearbeitet zu lernen, mich aus bestimmten Prozessen herauszuhalten, und glaube, dass ich ziemlich weit gekommen bin. Dennoch muss man

– gerade als Profi-Entscheider – ständig darauf achten, sich auch zurückzunehmen und unterzuordnen. Es ist ein Zeichen von Mut und Charakter, wenn man nicht an einem bestimmten Status festklebt und zur gegebenen Zeit darauf verzichtet, im Vordergrund zu stehen.

Unterordnung ist auch ein Zeichen von Stärke und Selbständigkeit

Ich selbst habe das früher auch am Verhalten der Assistenten beobachten können. Den guten Assistenten erkennt man sofort, das ist eine eigenständige Persönlichkeit. Und der geht von selbst einen Schritt zurück, wenn es angebracht ist. Obwohl die Assistenten oft, wie ich oben schon ausgeführt habe, unter einem gewissen Profilierungsdruck stehen. Ein Beispiel ist das Verhalten bei gemeinsamen Essen. Wir waren ja meistens vier Personen im Team: der Schiedsrichter, die beiden Assistenten und der Ersatzschiedsrichter. Der ist in der Regel auf derselben Stufe wie der Schiedsrichter, vielleicht ein kleines bisschen drunter. Außerdem sind noch die Delegierten und die Betreuer anwesend. Interessant ist der Moment des Platznehmens am Tisch. Ein Assistent, der sich in die Mitte setzt, der hat die falsche Entscheidung getroffen.

Man weiß dann schon vor dem Spiel: Der will sich in den Vordergrund rücken. Vielleicht weil er der Älteste ist, hat er das Gefühl, dass er sich nach vorn bringen muss. Nur: In einem Spiel hat er seinen Platz einzunehmen und sich unterzuordnen. Und sein Platz ist nicht in der Mitte, sondern links oder rechts. Und so auch am Tisch. Jeder Mensch mit einer sozialen Beobachtungsgabe erkennt sofort diesen

Sich selbst zurückzunehmen dient der eigenen Position im sozialen Gefüge

Verstoß und das, was dahinter steht. Deshalb ist es ein Gebot der Klugheit, sich selbst immer wieder zu hinterfragen, ob man sich genügend zurücknimmt, ob man den Mut hat, in die zweite Reihe zu rücken.

Wie man mit berechtigter Angst umgeht

Es ist in diesem Kapitel viel von überflüssiger Angst die Rede gewesen. Angst im Vorfeld einer Entscheidung aufgrund ungewisser Faktoren oder Konsequenzen, Angst, die sich auf lediglich vorgestellte Gefahren bezieht – und in jedem Fall hemmend oder gar lähmend wirkt. Diese Angst habe ich als negativ eingestuft, weil sie sich nicht auf reale Gegebenheiten bezieht. Ich will aber nicht verhehlen, dass es auch die richtige, echte Angst gibt, die aufgrund realer Bedrohung eine sozusagen vernünftige und verständliche Reaktion ist. Darauf nicht zu achten wäre nicht mutig, sondern tollkühn. Es braucht viel Mut, um diese Situationen durchzustehen. Und dafür ist es auch gut, wenn man in ungefährlicheren Situationen schon einmal seine Kapazitäten ausgelotet hat.

Ich habe auf dem Fußballplatz nie Angst gehabt, obwohl da die Emotionen ganz kräftig zum Ausbruch kommen können. Ich habe aber nach einem bzw. zwei Spielen wirklich Angst empfunden. Das eine Mal war nach dem Qualifikationsspiel Dänemark – Rumänien für die Europameisterschaft 2004, das andere Mal nach dem Spiel England – Portugal im Viertelfinale der Europameisterschaft 2004.

Das erste Spiel war in Dänemark. Rumänien ist ausgeschieden. Es gab einen Riesenaufstand, weil sich die Rumänen ungerecht behandelt fühlten. 5000 Leute bauten sich vor der Schweizer Botschaft in Bukarest auf und demonstrierten, ich bekam sogar Morddrohungen und jede Menge üble Schmähungen. Es war wirklich heftig, und ich wusste nicht, ob die Gewaltbereitschaft der Rumänen sich wirklich in Tätlichkeiten äußern würde. Es war eindeutig mehr als der sonst nach manchen Spielen übliche Ärger.

Ursache des Aufruhrs war zum einen ein Elfmeter, den ich gegen die Rumänen entschieden hatte und der zum 0:1 geführt hatte; im rumänischen Fernsehen war der Anlass für den Elfmeter nicht hundertprozentig zu erkennen gewesen. Zum anderen trug eine relativ lange Nachspielzeit dazu bei.

Die Rumänen gingen in der 72. Minute 2:1 in Führung und wären mit diesem Stand als Endergebnis qualifiziert gewesen, sie waren auch die bessere Mannschaft. Gegen Schluss gab es einen Moment, da waren vier oder fünf Mann allein vor dem dänischen Tor und hätten gut das 3:1 schießen können. Aus Überheblichkeit haben sie es aber sausen lassen, nach dem Motto: Uns passiert heute nichts.

Ein Spieler, der bereits einmal verwarnt worden war und einen Eckstoß auszuführen hatte, ging außerdem extra langsam von der einen Eckfahne zu der anderen, um ein kleines Machtspielchen auszuführen, das ist halt so im Fußball. Er zeigte mir mit seiner Gemächlichkeit, dass er glaubte, Herr der Situation zu sein, und ich es nicht wagen würde, ihn mit der zweiten Gelben Karte vom Spiel auszuschließen und die Spielzeit zu verlängern. Am Ende des Spiels habe ich vier Minuten Nachspielzeit gegeben, und in dieser Nachspielzeit haben die Rumänen noch einmal gewechselt. Ich habe gesagt: Einverstanden, dann wechselt noch mal, dann lasse ich diese Zeit auch noch nachspielen. Es ist völlig normal, dass man in solchen Fällen noch 30 Sekunden nachspielen lässt. Ich wollte in aller Deutlichkeit mitteilen: Ihr wechselt aus, wenn ihr es für richtig haltet, und ich werde einfach die Zeit, die damit vergeht, nachspielen lassen.

Dann, genau in der 30. Sekunde der 94. Minute, passierte es: Die Dänen schossen noch ein Tor, und das war der Ausgleich. Damit waren sie qualifiziert und die Rumänen ausgeschieden. Und dann ging es richtig rund. Ich habe das noch nie so erlebt, in dieser Heftigkeit. Die Emotionen kochten dermaßen hoch, dass es für ein vernünftiges Gespräch überhaupt keine Chance mehr gab. Die Rumänen waren überzeugt, dass ihr Ausscheiden meine Schuld sei, und dabei blieb es. Das war durch nichts zu erschüttern.

Angst einflößend: wenn die Emotionen überhandnehmen

Die rumänischen Medien haben kräftig mitgemacht und sogar meine E-Mail-Adresse veröffentlicht, sodass mein Postfach überquoll von Mails mit furchtbarsten Drohungen. Natürlich versuchte ich mir einzureden, dass es aufgeregte Spinner seien und das bald wieder abflauen werde – aber man weiß eben nicht, was wirklich passieren wird! Jedenfalls ging das Ganze über den normalen Frust von Fans weit hinaus. Und es genügte ja, dass einer von den Tausenden wirklich aktiv würde.

Bedrohungen, die einander potenzieren

An dem Tag, als ich von Dänemark nach Hause flog, wurde außerdem Anne Lindh, die schwedische Außenministerin erstochen – von einem durchgedrehten Verrückten. Das passte genau ins Bild – und zeigte Wirkung: Ich bekam

Angst. Richtige, schreckliche Angst, und das nicht nur mal eben so, sondern über längere Zeit. Selbst als ich mir sagte, jetzt ist es wieder gut, es hat sich alles normalisiert, wusste ich im Innersten: Ich habe noch Angst, sie ist unterschwellig, aber eindeutig vorhanden.

Noch so eine Geschichte habe ich erlebt, sie hängt mit dem Viertelfinale der Europameisterschaft 2004 zusammen – England gegen Portugal. Die Engländer folgten dem Beispiel der Rumänen, und alle früheren Geschehnisse waren wieder präsent. Ich habe Ihnen schon im ersten Kapitel von diesem Spiel berichtet. Ich habe ein Tor der Engländer wegen eines Foulspiels annulliert, was zu ihrem Ausscheiden aus dem Wettbewerb führte – und beinahe zu meinem Ausscheiden aus dem Schiedsrichterberuf. Die gesamte englische Yellow Press richtete ihren geballten Zorn auf mich. Sie können sich so etwas nicht vorstellen, wenn Sie es nicht selbst erlebt haben. Man warnte mich, besser nicht mehr nach England zu reisen, um mich und meine Familie nicht zu gefährden. Die *Sun* breitete nicht nur die Einzelheiten meiner Karriere, sondern auch meines Privatlebens aus und forderte ihre Leser auf, mir die Meinung zu sagen, woraufhin 16 000 E-Mails auf mein E-Mail-Konto prasselten.

Der Höhepunkt des Wahnsinns war aber erst erreicht, als die *Sun* sich als Rächerin des Vaterlands aufspielte und ihre Reporter aufforderte, eine Englandflagge quer durch Europa bis hinter das Haus zu tragen, in dem sich mein Geschäft befindet. Sie haben sie so hingelegt wie eine Zielmarkierung im Zweiten Weltkrieg. Es war der reine Horror! Sie haben versucht, mich als Betrüger darzustellen, haben unser Dorf belagert, den Metzger und den Bäcker und an-

Angst kann langlebig sein

dere befragt und versucht, ihnen negative Äußerungen über mich zu entlocken, und einfach alles getan, um meine berufliche und private Existenz zu vernichten.

Ich habe Polizeischutz bekommen und bin ein paar Tage untergetaucht. In dieser Zeit las ich außerdem in einem Artikel, dass ein griechischer Schiedsrichter eine entsicherte Handgranate unter seinem Auto entdeckt hatte, die Rumänien-Sache hatte ich noch nicht ganz verdaut – kurzum: Es war wirklich furchtbar. Ich hatte echte Angst, nicht nur um mich, sondern auch um meine Familie und meine Freunde.

TOP 9
Unterscheiden Sie zwischen überflüssiger und berechtigter Angst.

Nach und nach beruhigte sich die Lage, aber ich hatte doch einige Wochen lang ein mulmiges Gefühl, bin bei ungewohnten Geräuschen zusammengezuckt. Ich erzähle diese Phase meines Lebens so ausführlich, um klarzumachen, was der Unterschied zwischen einer überflüssigen und einer angemessenen Angst ist. Die Angst aufgrund der englischen Hetzkampagne war absolut angemessen, weil ich keinerlei Möglichkeiten hatte, die Lage zu beeinflussen. Rationale Argumente oder gar Beweise zählten nicht, und die Übermacht der anderen Seite war enorm. Wer einmal englische Fußballrowdys live erlebt hat, der weiß, dass es sich um weitgehend unzugängliche, hochaggressive Menschen mit enormem Gewaltpotenzial handelt.

Hilfe in Anspruch nehmen

Ich habe in der Zeit das Gespräch mit Freunden gesucht, auch mit Kollegen, um einen Weg aus der Situation zu finden, ohne bleibende Schäden davonzutragen. Manche schwangen große Reden vom Durchhalten, ich hatte aber nicht immer den Eindruck, dass ihnen klar war, in welcher Verfassung ich mich befand. Einige rieten mir, zugunsten der Sicherheit meiner Familie aus dem internationalen Fußball auszusteigen. Das war natürlich überlegenswert, aber letztlich hatte ich doch auch das starke Gefühl in mir: Ich will dem Mob nicht nachgeben. Ich lasse mich von denen nicht ins Bockshorn jagen.

Ich war außerdem überzeugt davon, dass ich – so oder so – einen Standpunkt finden musste, von dem aus ich meine Angst abbauen konnte. Zumal als ich feststellte, dass ich doch unbedingt weiterhin als Schiedsrichter tätig sein wollte. Vor allem war mir sehr wichtig, dass mich diese Ereignisse nicht von dieser Tätigkeit abhielten und nur die Freude daran verdürben.

TOP 10
Nehmen Sie nie den Hinterausgang.

Es hat eine Weile gedauert, dann ist mir klar geworden, dass ich die Grundlage für eine positive Entwicklung schon lange vorher geschaffen hatte. Meine Maxime lautete immer: Nimm nie den Hinterausgang. Ich will damit sagen, dass ich nie einem Druck der Fans im Stadion nachgegeben und mich unbemerkt davongeschlichen habe. Selbst nach Spielen mit kritischen Situationen und einer aufgeheizten Stimmung bin ich immer denselben Weg hinausgegangen, den ich auch hereingekommen war. Die Sicherheitsleute haben oft gesagt: »Herr Meier, lassen Sie das, wir können für Ihre Sicherheit nicht garantieren, gehen Sie nicht mit den Fans raus, nehmen Sie den Hinterausgang.« Darauf habe ich mich nie eingelassen. Ich bin raus, habe den Leuten in die Augen geschaut – möglichst vielen –, und wenn es Gegrummel gab, habe ich sofort gefragt, wo das Problem sei. Ich wollte einfach Stärke demonstrieren, und zwar eine Stärke, die ich tatsächlich hatte. Es war nichts, was ich nur für ein paar Meter aufrechterhalten konnte und was dann wieder in sich zusammengefallen wäre. Es war eine Strategie, die sich absolut bewährt hat. Ich wurde nie angegriffen, zumindest nicht tätlich. Verbal sind natürlich schon manchmal deftige Attacken gekommen, darum kümmert man sich aber nach einer Weile nicht mehr.

Stärke beweisen, um Aggression einzudämmen

Als ich in meiner Angstphase oft darüber nachdachte, wurde mir klar, dass hierin die Lösung lag: Auf meinem ureigensten Feld habe ich immer Stärke und Mut bewiesen. Das konnte mir keiner nehmen, nicht einmal so eine wild gewordene Meute von englischen Boulevardjournalisten und Rowdys. Ich gewann daraus die Kraft, auch diese große Bedrohung ohne Blessuren zu überstehen. Weil es mir gelang, zwischen dem zu unterscheiden, was ich selbst in der Hand hatte, und dem, was ich nicht beeinflussen konnte. Es gelang mir zu verhindern, dass dieses im wahrsten Sinne des Wortes unvergleichliche Erlebnis meine allgemeine und bewährte Lebenseinstellung über den Haufen warf. Ich integrierte die daraus zu gewinnenden Erkenntnisse in mein Leben und kann heute entspannt darüber berichten.

Deshalb: Nehmen Sie bei den kleinen Dingen nie den Hinterausgang, dann schaffen Sie auch den Weg aus den großen Krisen.

Die Top Ten des Muts auf einen Blick

TOP 1 Erwarten Sie kein nachträgliches Lob für Entscheidungen, die Sie nicht getroffen haben.

TOP 2 Fangen Sie mit kleinen Schritten an, Ihre Angst zu überwinden. Aber fangen Sie an.

TOP 3 Verschleiern Sie Ziellosigkeit nicht, indem Sie die Zahl der Optionen erhöhen.

TOP 4 Schieben Sie anderen nicht Entscheidungen zu, die Sie selbst treffen müssen.

TOP 5 Lassen Sie nicht zu, dass Angst Ihren Handlungsspielraum einschränkt.

TOP 6 Klären Sie so früh wie möglich die Zuständigkeiten.

TOP 7 Respektieren Sie die Menschen, die unter Ihnen stehen.

TOP 8 Ordnen Sie sich unter, wenn es angebracht ist.

TOP 9 Unterscheiden Sie zwischen überflüssiger und berechtigter Angst.

TOP 10 Nehmen Sie nie den Hinterausgang.

Kapitel 5

DAS ICH

Wie Sie mit sich und Ihren Entscheidungen ins Reine kommen

» Nach dem Spiel ist vor dem Spiel. «

Sepp Herberger

Ich entscheide. Aber andere entscheiden auch, und manchmal sogar über mich: weil sie meine Chefs waren, weil sie etwas haben, das ich möchte, weil sie in Gremien sitzen, die eine Auswahl treffen. Das ist vollkommen normal und an sich kein Problem. Ab und zu fällt es mir aber schwer, ihre Entscheidungen zu akzeptieren; wenn ich den Gang der Dinge nachvollziehen kann, komme ich einigermaßen damit zurecht. Wirklich große Schwierigkeiten habe ich jedoch, wenn meine eigene Einschätzung nicht mit der Realität, mit der Entscheidung der anderen übereinstimmt. Ich glaube, das geht den meisten Menschen so. Ich empfinde es als Strafe, wenn ich das Gefühl habe, aufgrund meiner Leistungen etwas Besseres verdient zu haben, und mir das nun vorenthalten wird, ohne dass ich so recht nachvollziehen kann, warum.

Die »Höchststrafe« habe ich im Jahr 2000 bei der Europameisterschaft bekommen, als ich nach Hause geschickt wurde, obwohl ich zwei hervorragende Vorrundenspiele geleitet hatte, England – Rumänien und Dänemark – Niederlande. Ich war im Gespräch als Schiedsrichter für das Finale – und dann bekam ich die Anweisung, nach Hause zu fahren. Es war für mich ein Schock und ein wahnsinnig bitteres Gefühl. Abgesehen von der Tatsache als solcher hat mich auch die Art und Weise der Mitteilung zutiefst gekränkt. Ich erinnere mich noch genau an die Situation. Es war in der Brüsseler Hotellobby, wir Schiedsrichter kamen gerade vom Training zurück, waren außer Atem und steckten in verschwitzten Trainingsanzügen.

Der Chef der Schiedsrichterkommission kam auf mich zu und sagte: »Urs, komm rüber.« Ich folgte ihm, vollkommen ahnungslos und unbefangen. »Urs, ich weiß nicht, wie dein Programm aussieht, aber auf jeden Fall kannst du packen. Die Mitglieder der UEFA-Schiedsrichterkommission haben beschlossen: Du fliegst noch heute nach Hause.« Paff! Nur das, sonst nichts. Keine Erklärung, kein Mitgefühl, kein versöhnlicher Tonfall – gar nichts, außer diesem Schlag vor die Brust. Ich war wie betäubt. Ich wusste ja, dass ein paar Stunden später bekannt gegeben würde, welche Schiedsrichter die letzten Spiele pfeifen würden und welche nach Hause geschickt würden. Ich war überzeugt gewesen, dass ich nach meinen beiden ausgezeichneten Spielen bleiben dürfte.

Es war eine Riesenungerechtigkeit, die ganzen Mühen und Plackereien umsonst, die gut geleiteten Spiele. Ich war so enttäuscht und verletzt, dass ich mir spontan sagte: Ich höre auf. Ich steige aus und mache nicht mehr mit. Unter solchen Bedingungen möchte ich nicht arbeiten. Ich ertrage es nicht, dass solche Leute über mich entscheiden, ich lasse mich von denen nicht manipulieren. Schluss, aus, fertig.

Ich habe meine Sachen gepackt, bin zum Flughafen gefahren. Bis zum Abflug war noch Zeit, ich saß mit einigen

Gefährlich: Entscheidungen aufgrund verletzter Gefühle treffen

anderen in der Lounge und wartete. Ein ehemaliger Spitzenschiedsrichter, Michel Vautrot, war auch dabei – einer von denen, die über mich entschieden hatten. Ich weiß nicht mehr genau, ob ich auf ihn zugegangen bin oder er sich mir zugewendet hat; sicher war mir am Gesicht anzusehen, dass ich niedergeschmettert war. Jedenfalls hat er Verständnis dafür geäußert, dass ich enttäuscht war. Ich wollte aber nur eins wissen: Was war der Grund? Schließlich rückte er damit heraus: Es war wegen meiner Freundin Nicole. Sie war ebenfalls Spitzenschiedsrichterin, wir waren gerade eben zusammengezogen. Und während der Europameisterschaft hatte sie mich kurz besucht.

Dazu gehörte eine Vorgeschichte: Ich hatte den verantwortlichen Mann für die Schiedsrichter, einen Schweden, mindestens dreimal gefragt, ob Nicole mich in Brüssel besuchen dürfe. Man muss wissen, dass es ein strenges Gebot gab: keine Ehe- oder sonstigen Partner im Hotel, kein Familienleben, kein Amüsierbetrieb. So ein internationaler Wettbewerb ist schließlich kein Urlaub, sondern ein anstrengender Einsatz für die Profis. Ich versicherte, sie käme nicht zu mir ins Hotel, ich würde einfach mit ihr essen gehen und sie wollte sich ein Spiel anschauen, das ich leiten würde. Das sollte alles sein, mehr würde nicht passieren.

Der Schwede versicherte mir mehrmals, das alles sei doch kein Problem, sie könne auch gern mit ins Hotel kommen und mit uns allen essen, sie sei doch »eine von uns«. Mehrmals betonte ich, weder Theater machen zu wollen noch eine Extrawurst zu beanspruchen. Irgendwie habe ich ihm nicht ganz getraut, deswegen schnitt ich das Thema mindestens dreimal an und fragte immer wieder, ob es wirklich kein Problem sei. Immer dieselbe Antwort: Nein, das ist alles überhaupt kein Problem. Selbstverständlich soll sie kommen. Schließlich habe ich sie angerufen, bin mit ihr essen gegangen. Sie war kurz im Hotel, hat aber nicht bei mir übernachtet. Auf jeden Fall war sie da und irgendjemand wird sie gesehen haben. Und das war offenbar der Grund, warum man mich nach Hause schickte, wie ich jetzt von Michel Vautrot in der Flughafenlounge erfuhr. Ich war eh schon geladen, aber da platzte mir doch der Kragen. Das war ja eine Riesenschweinerei! Ich fühlte mich verraten, hintergangen, betrogen, in eine Falle gezogen. Mir war vollkommen klar: Es steht fest, ich höre auf. Das ist das Allerletzte, mit solchen Leuten arbeite ich nicht zusammen.

Oft hilfreich: der Blick von außen

Michel Vautrot schaute mich an, verständnisvoll und ein bisschen mitleidig. Dann holte er Luft und redete ziemlich lange auf mich ein. Was ich denn mit so einer Entscheidung erreichen wolle? Wem das etwas bringe, wenn ich jetzt aufhörte? Er sprach ziemlich offen: Genau die Leute, die dich jetzt in die Pfanne gehauen und hintergangen haben, klatschen doch in die Hände, wenn du jetzt die Pfeife an den Nagel hängst. Große Geste, sehr kleine Wirkung! Wen interessiert das denn, wenn du jetzt Schluss machst? Innerhalb von wenigen Tagen bist du Geschichte und kein Mensch erinnert sich mehr daran, dass du mal ganz vielversprechend angefangen hast und dann deine Karriere frühzeitig als beleidigte Leberwurst beendet hast. Urs wer …?

Denk an das, was du erreichen wolltest: bei der Weltmeisterschaft und der Europameisterschaft dabei sein. Wolltest du das wirklich oder war es eigentlich doch nicht so wichtig? Die Champions League und die anderen Turniere: Möchtest du das nicht mehr? Hat sich all das für dich erledigt?

Ich erklärte es ihm nochmal: Ich kann nicht mit Leuten in diesem Metier zusammenarbeiten, in dem es um Ehrlichkeit, Vertrauen und Offenheit geht, wenn die mich so hintergehen. Da sagte er ziemlich streng: Jetzt bleib mal auf dem Teppich. Das war einer oder vielleicht waren es zwei, die anderen sind nicht so. Vertrau denen weiterhin. Ich wusste ja auch nichts von dieser Vorgeschichte, ich wurde auch hintergangen. Mach weiter, denn du kannst es denen nur zurückzahlen, wenn du dabei bleibst. Denk einfach daran, dass du in drei oder vier Jahren dort bist, wo sie jetzt sind. Sie sind dann weg. Du kannst vielleicht sogar dazu beitragen, dass sie nicht mehr allzu lange bleiben. Denk mal darüber nach und hör auf, mit der Welt zu hadern.

Auch bei erlittener Ungerechtigkeit: die Verhältnismäßigkeit der Entscheidung prüfen

Er hat mir ganz schön den Kopf gewaschen! Auf dem Rückflug hatte ich viel Stoff für jede Menge Überlegungen. Am nächsten Tag würde die Presse kommen und etwas zu den Vorgängen hören wollen. Ich habe alle möglichen Situationen und Entscheidungen gedanklich durchgespielt und schließlich zu mir gesagt: Michel hat recht. Denen werde ich's zeigen. Denen zeige ich, wer der beste Schiedsrichter ist. Als dann am nächsten Tag die Journalisten kamen, begierig auf eine schöne Geschichte von Intrigen, gekränkter Eitelkeit und noch ein paar anderen verkaufsträchtigen Bestandteilen, habe ich mich ziemlich zurückgehalten und nichts geliefert. Ich habe lediglich gesagt, dass ich selbstverständlich enttäuscht sei, diese Entscheidung aber eben gefällt wurde und ich sie zu akzeptieren hätte. Im Sport gewinne man nicht immer, man verliere auch manchmal. Ich hätte eine große Niederlage eingesteckt und ich würde weiterkämpfen. Es hat mich viel Kraft gekostet, öffentlich einigermaßen gute Miene zum bösen Spiel zu machen. Aber es war genau richtig und hat sich gelohnt. So bot ich den Medien keinen Stoff für eine Story und dem Verband keinen Vorwand, mich zu rügen.

Was letztlich der Grund für die Entscheidung der Verantwortlichen war, mich frühzeitig nach Hause zu schicken, weiß ich bis heute nicht. Man kann natürlich spekulieren, dass es »politische« Gründe gab, oder vielleicht spielten auch einfach persönliche Antipathien eine Rolle. Letztlich ist mir das mittlerweile aber vollkommen gleichgültig. Denn von dieser Geschichte habe ich enorm profitiert, auch wenn es anfangs nicht danach aussah und ich mich ungeheuer schwer tat, mit dieser Demütigung fertig zu werden.

Was habe ich daraus gelernt, dass ich so ungerecht behandelt wurde? Warum stelle ich die Geschichte meiner großen Demütigung an das Ende meines Buchs, in das Kapitel, in dem es um das Ich geht? Eben deshalb. Weil mich diese unverdiente Strafe vieles gelehrt hat, was mit mir und nur mit mir zu tun hat. Selbst wenn es auf den ersten Blick so aussieht, als handelte es sich eher um ein Lehrstück über Infamie und Intrigenbildung, das man für den persönlichen Gebrauch übernehmen könnte: Darum geht es nicht. Es geht nur um das, was ich als Erkenntnis über mich selbst erhielt – und was Sie auf alle Geschichten dieser Art übertragen können.

Mir hat die Geschichte Folgendes gezeigt:

1. einen »schwachen Punkt« in meiner Persönlichkeit,
2. dass man sich besser nicht so wichtig nehmen sollte, gerade wenn man sehr betroffen ist,
3. wie wichtig es ist, sich anderen gegenüber fair zu verhalten.

TOP 1
Erkennen Sie Ihre Schwachpunkte.

Zu 1: Der Schwachpunkt meines Charakters ist eindeutig. Ich kann Entscheidungen nicht ertragen, die ich als ungerecht empfinde. Und im Gefühl dieser Ungerechtigkeit bin ich bereit, ziemlich unüberlegt zu handeln. Das große Ganze hinzuschmeißen, weil ich gekränkt bin. Das eigentliche Ziel beiseite zu schieben, weil mir jemand in die Parade gefahren ist. Ich will nicht behaupten, dass ich diese Schwäche heute vollständig im Griff habe, aber ich schaffe es doch meistens, auch in Momenten größter Betroffenheit noch einmal innezuhalten und zu überlegen: Was ist denn eigentlich wirklich los? Ist die Sache so schlimm oder ist nur mein Gefühl getroffen? Bricht die Welt zusammen oder ist nur meine Eitelkeit ein bisschen verletzt? So ein Hinterfragen hilft dabei, die Fakten wieder in den Vordergrund zu rücken und überhaupt in die Verfassung zu kommen, sich einigermaßen sachdienlich damit zu beschäftigen.

Zu 2: Sich selbst nicht so wichtig nehmen. Ein Tipp, der generell auf alle Situationen passt, auf Momente persönlicher Betroffenheit aber ganz besonders. Vielleicht sind Sie überrascht, dass ich diese Ansicht so nachdrücklich vertrete, nachdem ich über etliche Seiten ausgeführt habe, was alles an Persönlichkeitsmerkmalen und -stärken dazugehört, um sicher entscheiden zu können. Lauter Empfehlungen, die mit dem Ich zusammenhängen, die Selbstbetrachtung erfordern und Selbstmotivation. Und jetzt also sollen Sie sich nicht so wichtig nehmen? Ja! Und es besteht auch kein Widerspruch zu dem vorher Gesagten. Denn der Kardinalunterschied besteht darin, dass man bei der Arbeit an sich selbst den Blick gleichsam wie von außen auf sich richtet, analysiert, feststellt, Defizite benennt und Änderungen des Verhaltens anstrebt. Es handelt sich also um einen auf Ergebnisse ausgerichteten Vorgang (zumindest im Idealfall, aber von dem gehen wir jetzt einfach mal aus).

Schlechte Ratgeber: gekränkte Eitelkeit

Der andere Fall ist der, wie ich ihn oben an mir selbst beschrieben habe: Empörung, Aufruhr, Verurteilung der anderen in Bausch und Bogen. Michel Vautrot hat es noch einigermaßen freundlich gesagt, als er mir riet, auf dem Teppich zu bleiben und aus meiner berechtigten Enttäuschung keine Fundamentalverdammnis zu machen. Denn so war es ja: Ich habe sämtliche Mitglieder der Schiedsrichterkommission in einen Topf geworfen, sie verurteilt und verdächtigt, alle an einem Strang zu ziehen, nur um mir eins auszuwischen. Und nicht nur das: Das Metier insgesamt erschien mir geradezu verderbt, viel zu unfein für mich, den offenen und ehrlichen Urs Meier.

Wenn man es so hinschreibt, erkennt man sofort, dass in solchen Momenten – um es vornehm auszudrücken – ein gewisses Ungleichgewicht in der Beurteilung der Tatsachen und der Wahrnehmung seiner eigenen Wertigkeit besteht. Dieser ganze Aufwand, um mir, dem kleinen (oder vielleicht mittleren) Urs Meier, einen Denkzettel oder Schlimmeres zu verpassen. Nicht ganz plausibel, oder? Me, myself and I ...

Verschärft wurde das Ganze dadurch, dass ich vollkommen konträre Erwartungen hatte. Ich kam mir ja superklasse vor mit meinen beiden gelungenen Vorrundenspielen und war zutiefst davon überzeugt, dafür die gerechte Belohnung in Form eines Spiels der Endrunde zu erhalten. Der Affront wirkte vor diesen Erwartungen natürlich umso derber. Und zwar so massiv, dass ich bereit war, alles dafür hinzuschmeißen, alles, wofür ich die letzten 20 Jahre gekämpft, trainiert und gelernt hatte. Das heißt, meine aufgeschäumte Wut und meine waidwunde Seele verlangten nach einer Konsequenz, die auf derselben Ebene wie mein Erregungspegel lag. Und da der definitiv zu hoch war, fiel meine erste Reaktion entsprechend übertrieben aus: Ich höre auf.

Vor Entscheidungen aufgrund verletzter Gefühle das Aufregungsniveau senken

TOP 2
Nehmen Sie sich nicht so wichtig.

Ich habe großes Glück gehabt, dass ich zum einen diesen Satz dem Schweden nicht mit großer Geste hingeschmissen habe. Es wäre schwierig gewesen, das wieder zurückzunehmen. Und dann wäre ich vielleicht tatsächlich draußen geblieben. Zum anderen war es wirklich eine glückliche

Fügung, dass Michel Vautrot in der Lounge auf dem Flughafen saß und mich auf den Boden der Tatsachen geholt hat. Allein hätte ich es nicht geschafft. Die Entscheidung als solche hat er mir natürlich nicht abgenommen, aber er hat mir doch deutlich gezeigt, wo ich ansetzen musste, um aus dem Kreis, in dem ich wütend herumrannte, einen Ausweg zu finden: Nimm dich nicht so wichtig!

Das Paradoxe an dieser Maxime besteht ja darin, dass das Absehen von sich selbst in der Regel tatsächlich zu einem besseren, dem Ich gemäßeren Ergebnis führt. Bei mir war es ganz deutlich: Natürlich entsprachen mir das Weitermachen und das Ziel, in der Weltklasse zu bleiben, mehr, als die Brocken hinzuschmeißen und sich als beleidigte Leberwurst zurückzuziehen. Aber da ich so mit mir selbst beschäftigt war, geriet mir das aus dem Blick. Durch Michel Vautrot rückten diese Dinge wieder dahin, wo sie sein sollten: in den Vordergrund.

Von sich absehen, um mehr Durchblick zu bekommen

Das ist nämlich das Kernproblem, wenn man sich selbst zu wichtig nimmt: Man verstellt sich selbst die Sicht. Man steht sich im Weg, jeder Blick auf die objektive Sachlage wird erschwert oder sogar unmöglich, die Interessen oder die Situation der anderen sind nicht mehr erkennbar. Damit ist nicht nur die Frage nach der gerechten Beurteilung verbunden, sondern die nach der Urteilsfähigkeit überhaupt.

Ein Indikator dafür, dass man in Gefahr ist, sich selbst zu wichtig zu nehmen, ist häufig das Gefühl der Enttäuschung. Das zeigt, dass Sie mit einer bestimmten Erwartungshaltung, die offenbar nicht realistisch war, in eine Situation gekommen sind – sei es, weil Sie einen Fehler gemacht haben, sei es, weil die anderen sich nicht so verhielten, wie Sie vermutet hatten. Nehmen Sie das Wort ernst, drehen Sie es positiv um: Sie sind enttäuscht, das heißt von einer Täuschung, einer Illusion befreit. Eigentlich die ideale Voraussetzung, um einen neuen Ansatz zu versuchen. Sie müssen nur von dem Gefühl wegkommen, dass man Ihnen Unrecht getan hat und dass Ihnen etwas zustünde, was Ihnen die anderen vorenthalten.

TOP 3
Richten Sie sich nicht in einer Enttäuschung ein.

Ich weiß, dass das nicht ganz leicht ist. Wenn Sie sich aber einmal die Mechanismen klargemacht haben, bestehen gute Chancen, dass Sie sich aus der Falle der Enttäuschung befreien können. Üben Sie das in alltäglichen Situationen. Beispielsweise wenn Sie mit der neuen Vorlage für die xy-Konferenz ins Zimmer Ihres Vorgesetzten stürmen, mit stolzgeschwellter Brust und im Bewusstsein, dass keiner diese raffinierte Wendung so hinbekommen hätte wie Sie und das alles auch noch in rekordverdächtigen 20 Stunden. Und Ihr Chef lässt Sie einfach an sich abtropfen, mäkelt ein bisschen herum, dass die interessanten Zahlen zu spät aufgeführt würden und ob die Charts nicht noch übersichtlicher sein könnten. Ist doch klar, Sie sind enttäuscht. Sie wollten etwas hören wie: Mensch, dass Sie das so schnell geschafft haben. Und die heiklen Studienergebnisse haben Sie wirklich gut verpackt. Ich bin sehr angetan, wirklich prima.

Geben Sie's zu, Sie haben es quasi schon im Ohr gehabt, bevor Sie vor dem Schreibtisch Ihres Chefs standen. Nur: Er sagt's halt nicht.

Welche Möglichkeiten haben Sie?

1. Sie können die Anerkennung einfordern und insistieren: Chef, finden Sie denn nicht, dass ich Ihnen in Blitzgeschwindigkeit eine ziemlich gute Vorlage geliefert habe? Und die Charts sind genau so, wie Sie sie immer haben wollen. Theoretisch ist so eine Entgegnung möglich, praktisch wahrscheinlich unklug und Sie sollten nur dann so reagieren, wenn Sie ein wirklich sehr gutes Verhältnis zu Ihrem Vorgesetzten haben. Anderenfalls könnte es zu einem Problem kommen, weil Ihr Chef den Eindruck bekommt, dass Sie seine Kritik nicht ernst nehmen und außerdem ein übertrieben hohes Bild von sich haben. Vorsicht: Das kann Konsequenzen haben.

2. Sie können beleidigt sein, weil Ihre Leistung nicht gewürdigt wurde. Was aber hilft das? Es ist ja nicht die Aufgabe Ihres Vorgesetzten, Sie im emotionalen Gleichgewicht zu halten. Und Schmollen ist meiner Ansicht nach eine der unproduktivsten Haltungen überhaupt. Wer schmollt, kriegt nichts mehr mit, außer sich selbst. Er wartet darauf, dass der andere ihn aus seiner Ecke herausschmeichelt, hat also jede Gestaltungsfreiheit verloren. Wer sich im Beleidigtsein einrichtet, verliert nur Zeit und in der Regel auch die Achtung seiner Mitmenschen. Das Problem wird immer größer, weil sich das Gefühl, falsch behandelt worden zu sein, in den

Vordergrund schiebt, die Sache selbst gerät völlig aus dem Blick.

3. Sie können einmal kräftig schlucken, sich klarmachen, dass Ihr Chef einen schweren Tag hatte, ihm der Jetlag noch in den Knochen steckt und er sich außerdem Sorgen macht, dass jemand aus der Zentrale an seinem Stuhl sägt. Oder auch erkennen: So ist er nun mal, ein durch und durch unangenehmer Typ. Warum ihm das liefern, worauf er wartet, nämlich dass ich mich als kleines Würstchen darstelle, das ein Lob von ihm erbettelt. Und dann gehen Sie zur Tagesordnung über und machen einen konstruktiven Vorschlag, wie man die interessanten Zahlen etwas prominenter präsentieren könnte. Denn lassen Sie uns eines nicht vergessen: Ihr Chef ist vielleicht ein Widerling, aber er könnte trotzdem recht haben.

Heilsam: bei enttäuschten Erwartungen möglichst bald zur Tagesordnung übergehen

Das eigene Verhalten prüfen

Und wenn Sie der Vorgesetzte sind? Verhalten Sie sich immer so, wie Sie es von den anderen erwarten? Das ist das Dritte, was ich aus der Affäre um meinen Ausschluss aus der Europameisterschaft 2000 gelernt habe: wie wichtig es ist, fair und aufrichtig zu den anderen zu sein. Dass es unabdingbar ist, ein vertrauensvolles Verhältnis aufzubauen, welches ermöglicht, auch unangenehme Entscheidungen plausibel zu machen.

Ich habe das früher meinen Mitarbeitern – und manchmal auch meiner Familie – gegenüber nicht ausreichend berücksichtigt. Ich habe die Dinge mit mir ausgemacht, entschieden und dann den Entschluss mitgeteilt. Mir war gar nicht klar, dass sie meine einsamen Beschlüsse gelegentlich auch als Affront auffassen mussten. Für mich war es erledigt, und – wie mir schien – damit für die anderen auch. Selbst wenn ich richtig entschieden hatte, war es in der Art des Vorgehens und in der Kommunikation falsch. Noch mehr Probleme gab es dann natürlich, wenn ich unpopuläre Entscheidungen mitteilte, etwa die Schwerpunktveränderung im Sortiment meines Geschäfts. Ich verlangte von allen Mitarbeitern, dass sie sich darauf einstellen sollten, tat aber selbst zu wenig, um sie auf die richtige Spur zu bringen. Ich gebe zu, dass es mir bis heute schwerfällt, darauf zu achten. Es ist auch einfach manchmal eine Frage der unterschiedlichen Geschwindigkeiten: Ich entscheide schnell, aber andere folgen gedanklich nur langsam. Das macht mich ungeduldig und manchmal auch ungerecht. Aber wie gesagt: Ich arbeite daran.

TOP 4
Versetzen Sie sich in die Lage der anderen.

Die Demütigung bei der Europameisterschaft war mir also auch in dieser Hinsicht nützlich, eine Lehre für mein eigenes Verhalten. In der Regel befinden wir uns ja in einer Art Doppelrolle: Wir stecken ein und teilen aus, wir sind Mitarbeiter in den unteren Rängen und an anderen Stellen die Chefs, wir sind Eltern und selbst wiederum die Kinder von unseren Eltern. Aus vielem, das wir durch die Handlungen unserer Partner und Chefs oder auch durch zufällige Begegnungen als unangenehm erfahren, kann man eine Regel oder zumindest einen Hinweis darauf ableiten, was man tun oder lassen sollte.

Auch das wiederum hängt mit dem Ich bzw. mit dem Sich-nicht-so-wichtig-Nehmen zusammen. Jeder Mensch neigt dazu, das Verhalten der anderen kritischer als das eigene zu betrachten. Weil er sich wichtiger nimmt als sein Gegenüber und weil er mehr oder weniger automatisch davon überzeugt ist, dass er alles richtig macht und auf jeden Fall im Recht ist. Die praktische Vernunft sagt einem schon, dass das so nicht stimmen kann. Im Alltag achtet man aber nicht dauernd auf solche klugen Erkenntnisse. Deshalb sollte man unbedingt in einigermaßen stressfreien Situationen damit beginnen, von sich und seinem Ich ein wenig abzurücken. Das schafft Raum für die anderen, für kreative Lösungen und für Gemeinsamkeit. Und es reduziert das Konfliktpotenzial. Sehen Sie es als Training, über das Sie bald nicht mehr nachdenken müssen. Nur dann haben Sie eine Chance, in einer echten Krise kühlen Kopf zu bewahren.

In guten Phasen trainieren, vom eigenen Ich abzusehen

Stabil oder nicht stabil, das ist hier die Frage

Wenn ich Ihnen rate, dies oder jenes auszuprobieren oder zu üben, stellt sich natürlich generell die Frage, ob man sich überhaupt ändern kann, ob das Ich ein stabiles Gebilde ist, das so bleibt, wie es ist. Diese Frage debattieren Philosophen, Psychologen und jede Menge andere Leute schon seit Jahrhunderten. Ob sie zu endgültigen, wissenschaftlich fundierten Ergebnissen gekommen sind, weiß ich nicht. Ich will ihnen auch keine Konkurrenz machen, gleichwohl habe ich oft über die Veränderungsfähigkeit des Ichs nachgedacht. Es ist ja eine interessante Aufgabe, zu überlegen, ob die Mühen, die man auf Kinder oder Mitarbeiter richtet, überhaupt wirken können. Wenn jemand ist, wie er ist, dann könnte man seine Anstrengungen eigentlich von vornherein sein lassen. Meiner Ansicht nach, die sich vor allem aus praktischer, lebensnaher Beobachtung speist, trifft beides zu: Das Ich ist weitgehend stabil, trotzdem lassen sich Veränderungen erzielen – in gewissem Maße.

Sie werden es ahnen, auch zu dieser Erkenntnis hat der Fußball viel beigetragen. Die Laien denken gern, dass Fußball im Wesentlichen daraus besteht, »das Runde ins Eckige zu befördern«. Dabei ist Fußball viel mehr, er spiegelt sozusagen die ganze Bandbreite der menschlichen Typen wider. Selbst wenn Sie kein Fußballliebhaber sind, sondern sich lieber Einzelsportarten widmen, sollten Sie sich mal ein Spiel anschauen, nur unter dem Aspekt der Charakterstudien und der Gruppendynamik.

Ich sage immer: Wenn man als Lehrer eine neue Klasse bekommt, kann man nichts Besseres machen, als mit den Schülern ein Fußballspiel zu veranstalten. Man erkennt sofort die Charaktere der einzelnen Schüler, weil bei einem Spiel bzw. sogar schon vor einem Spiel im Prinzip alle Eigenschaften eines Menschen zutage treten.

Wer ist die Führungspersönlichkeit? Wer ist das Alphatier? Das entscheidet sich blitzschnell. Man erteilt den Auftrag: Stellt eine Mannschaft zusammen, und schon ist einer da, der als Führer auftritt. Ich nehme den und den und den. Als Lehrer weiß man gleich: Aha, der ist das Alphatier. Dann gibt es vielleicht noch einen zweiten usw.

Fußball als Offenbarung der Charaktere

Fußball: die ganze Bandbreite menschlicher Verhaltensweisen

Außerdem lässt sich beobachten, wie die anderen reagieren: Ordnen sie sich unter, passen sie sich an oder begehren sie auf. Man sieht, welche Positionen sie wählen. Gehen sie in die Verteidigung oder in den Sturm, machen sie den Torhüter, tun sie das freiwillig oder muss man sie zwingen? Will sich überhaupt niemand als Torhüter einsetzen? Torhüter sein bedeutet ja: Ich übernehme Verantwortung, ich gehe ein Risiko ein, ich bin allein, ich ertrage den schlechten Ruf, wenn es nicht klappt. Ein Stürmer ist ganz anders gelagert: Er will Tore schießen, er will im Mittelpunkt stehen, er will geliebt werden, den Ruhm ernten. Wieder anders ist der Verteidiger: Er setzt sich für die Gemeinschaft ein, er opfert sich, er ist zufrieden mit wenig Glanz und Anerkennung. Er begreift sich vor allem als Teil der Mannschaft und sieht seine Hauptaufgabe darin, dem Ganzen zum Erfolg zu verhelfen. Ganz leicht erkennbar ist das alles auch in der menschlichen Struktur von Unternehmen, Vereinen, Familien- oder anderen Verbänden, in denen Menschen zusammenkommen.

TOP 5
Studieren Sie die Charaktere der Einzelnen, dann erkennen Sie auch die Gruppendynamik.

Das Spiel selbst zeigt natürlich noch mehr: Wie verhalten sich die Spieler gegenüber Anweisungen, wie reagieren sie auf Schiedsrichterentscheidungen, wie auf Fehlentscheidungen? Wie arbeiten sie miteinander, wie verkraften sie Kritik? Wenn der Führungsspieler beispielsweise sagt: He, bleib dahinten, mach dies, mach das. Wie reagiert dann der Betreffende? Nimmt er es an oder protestiert er? Im Fußball – wie in jeder Mannschaftssportart – muss man sich auch unterordnen und die Positionen einhalten. Wenn man zu jemandem sagt: Du bleibst jetzt dahinten, du gehst nicht über die Mittellinie, dann ist schon interessant zu sehen, ob derjenige gehorcht oder nach vorn in den Angriff geht. Für den Spielführer wie für den Trainer ist wichtig zu wissen, ob jemand in der Lage ist, Anweisungen zu befolgen.

Natürlich lässt sich das auf viele andere Bereiche übertragen. Vielleicht können Sie in Ihrem Unternehmen kein Fußballspiel veranstalten, um die Mitarbeiter besser kennenzulernen. Aber vielleicht finden Sie für sich und andere eine Möglichkeit, einmal etwas Ähnliches zu machen, eine Kanutour, einen Bowlingabend oder bauen Sie mit Ihren Leuten ein Floß. Sie werden überrascht sein, welche Erkenntnisse sich daraus ziehen lassen.

Starke Charaktereigenschaften sind meist unveränderbar

Charaktereigenschaften wie Führungswillen, Unterordnungsbereitschaft verändern sich kaum. Ich habe das selbst erlebt bei den Fußballspielern, mit denen ich in der A-Jugend gespielt habe und von denen immer noch sieben oder acht bei den Veteranen aktiv sind. Seit unseren gemeinsamen Spielen waren rund 18 Jahre, in denen ich immer unterwegs war, vergangen. Als ich dann wieder einmal bei einem Trainingsspiel mitmachte, erlebte ich etwas Schockierendes: Es war alles haargenau so wie früher, jeder verhielt sich genau so wie damals. Ich bin richtig wütend geworden und habe geschimpft: Was habt ihr in den 18 Jahren gemacht? Ihr spielt immer noch denselben Mist wie früher, ihr könnt immer noch nicht spielen. Ich sagte es ihnen zwar mit Augenzwinkern, aber im Grunde traf mein Urteil genau die Realität.

Kontinuität oder Stillstand?

Man muss sich das einmal vorstellen: 18 Jahre lang haben sie trainiert und Spiele und Turniere bestritten, sich – wenn auch nicht als Profis – weitergebildet. Und sie waren letztlich keinen Deut besser als früher. Auch nicht besser als ich, obwohl ich ja kein guter Fußballer bin. Was den Vorteil hatte, dass ich mich problemlos wieder eingliedern konnte. Alles war wie früher, selbstverständlich auch die Gruppendynamik und die Beziehungen. Ich kam auf den Platz und nach wenigen Minuten war ich das Alphatier – wie früher. Ich ordnete an: Mach dies, mach das, geh hierhin. Niemand hat reagiert und etwa gesagt: Spinnst du eigentlich? Nach 18 Jahren kommst du hierher und willst uns sagen, was wir machen sollen? Bist du vielleicht mal still? Alle haben genau so reagiert wie früher und es genau so gemacht wie früher. Auf genau denselben Positionen wie damals. Und natürlich haben sie auch dieselben Fehler gemacht wie vor Jahren.

Ich war perplex und habe mir gesagt, das kann doch nicht sein. Das gibt's doch nicht. Dass sich nichts geändert hat, weder in den Charakteren selbst noch in den Verhältnissen untereinander. Obwohl sie ja auch in der Zwischenzeit ein anderes Leben führen: Sie sind Familienväter und Angestellte, Chefs oder sogar Unternehmer. Sie machen von außen betrachtet viele Dinge, die sie früher nicht getan haben. Aber auf dem Fußballplatz ist alles unverändert. Und bei mir ist das ganz genauso.

Deswegen erzähle ich diese Geschichte auch ganz unbefangen. Ich will damit auf keinen Fall meine alten Freunde beleidigen, vielmehr sehe ich sie als stellvertretend für ein grundsätzliches Phänomen an, das mich natürlich einschließt.

Also nochmal: Wäre das ein Beweis für Unveränderlichkeit des Ichs? Ich glaube, das ist einer von vielen Belegen. Grundsätzlich scheint mir schon sehr früh festzustehen, ob jemand ein Draufgänger ist, ein Träumer, ein eher ängstlicher Mensch, ein selbstbezogener oder ein fürsorglicher Typ. Daran wird sich in der Regel nur wenig ändern. Einschneidende, existenzielle Erlebnisse können einen Wandel bewirken, aber das ist eher selten.

Ich habe es an meinen Kindern gesehen, an denen meiner Kollegen und Bekannten, an mir selbst: Die meisten Menschen bilden schon im Baby- oder Kindesalter den sie charakterisierenden Zug aus, manchmal bereits bevor sie sprechen können. Und das soll's gewesen sein, Schicksal eben, ob man als zupackender Entscheider oder als duckmäuserischer Nörgler durch die Welt geht? Nein! Denn ich stelle mir eine Veranlagung so vor: nicht als einen Punkt, sondern quasi als Kugel. Also nicht als schmale, eindimensionale Eigenschaft, sondern als ein breites Band mit vielen möglichen Ausprägungen. Da kann sich ein und derselbe Wesenszug als Ängstlichkeit ausprägen, aber auch als Zurückhaltung oder Besonnenheit. Draufgängertum könnte sich ebenso gut als angemessener Mut oder als zupackende Einsatzfreude zeigen.

TOP 6
Es lohnt sich, am Ich zu arbeiten.

Deshalb ist es meiner Ansicht nach ein lohnendes Unterfangen, an sich zu arbeiten. Richten Sie sich nicht in der Vorstellung ein »Ich bin halt der Zauderer« oder »Kommunikation liegt mir nun mal nicht«. Aus einer ängstlichen Maus wird nie ein angriffslustiger Tiger, das ist klar. Aber man kann als Maus beispielsweise daran arbeiten, dass man mit mehr Selbstbewusstsein das tut, was man tun will oder muss. Und das ist schon eine große, aber lohnende Aufgabe.

Ich bin in den vorherigen Kapiteln auf die wesentlichen persönlichen Eigenschaften eingegangen, die man braucht, um Entscheidungen zu treffen: das Gefühl, den Verstand, die Erfahrung, den Mut. Sie alle sind selbstverständlich nicht losgelöste, selbständige Einheiten, sondern hängen mit dem Ich zusammen, sie sind das Ich. Was ich dort gesagt habe, wozu ich geraten habe, das alles ist auf das Ich zu beziehen.

Sie selbst wissen am besten, wo Sie ein Defizit haben, ob Sie Ihren Erfahrungsschatz vergrößern, mehr auf Ihre Intuition hören oder öfter Ihren Verstand zum Zuge kommen lassen sollten. Wenn Sie Ihr Ich in diesem Sinne stärken – also sich nicht lediglich ein bisschen egoistischer gebärden, sondern Ihr Potenzial richtig ausnutzen –, dann gewinnen Sie auf der ganzen Linie. Nicht nur für Ihre Entscheidungsfähigkeit, sondern auch für Ihre beruflichen und persönlichen Beziehungen. Weil Ihre Handlungen mehr Klarheit aufweisen und Ihre Kommunikation mehr Kontur bekommt.

Nutzen Sie Ihr Charakterpotenzial, aber richtig

Basis guter Entscheidungen:
mit sich selbst im Einklang zu sein

Ich bin überzeugt davon, dass sich die Arbeit am Ich lohnt und dass sie, abgesehen von allem anderen, einen extrem wichtigen Effekt zeitigt: Sie führt dazu, dass Sie mit sich selbst ins Reine kommen, dass Sie sich mögen. Schätzen Sie das nicht gering: Sich selbst zu mögen gelingt vielen Menschen nicht und ist meiner Ansicht nach eine der wesentlichen Ursachen für eine schwache Kommunikationsfähigkeit und für Angst vor Entscheidungen. Wer mit sich hadert, kann auf andere weder attraktiv noch überzeugend wirken.

Möglicherweise ist Ihnen der Gedanke fremd oder Sie sind sowieso der Ansicht, dass Sie der Größte sind. Selbstbeweihräucherung meine ich aber nicht. Vielmehr spreche ich von dem Gefühl, das Sie von sich haben, und das sollte bildlich gesprochen nicht spitz, sondern rund sein. Ein Wohlgefühl eben, das sich als Gelassenheit äußert und die Basis für eine ganz wichtige Sache ist: Souveränität.

Wer sich mag, kann souverän sein

Überlegen Sie, welche Person Sie kennen, die Sie als souverän bezeichnen würden. Was gefällt Ihnen an ihrer Erscheinung? Doch sicher die Ruhe, die sie ausstrahlt, das Gefühl, dass dieser Mensch nicht von so etwas getrieben wird wie Machtstreben oder Angst vor Versagen. Es sind nicht Menschen, die fehlerlos sind, sondern Menschen, die das, was sie tun, aus eigenem Antrieb machen, nicht weil sie etwas beweisen wollen oder weil sie sich zwingen lassen. Es sind auch nicht in erster Linie die Menschen, die sich in gehobenen Positionen befinden und sich deshalb »leisten« könnten, manche Dinge etwas entspannter zu sehen.

TOP 7
Bringen Sie Ihre Souveränität zur Entfaltung.

Dass wir uns nicht missverstehen: Ich meine mit Souveränität nicht die Haltung eines abgeklärten Jüngers irgendeiner fernöstlichen Religion, der sich auf den Eintritt ins Nirwana vorbereitet. Ich möchte Sie nur ermutigen, dass Sie versuchen sollten, einerseits an sich zu arbeiten, andererseits das aber nicht als Bewährungsprobe zu dramatisieren. Ich will Ihnen lediglich klarmachen, dass Sie sich auf sich konzentrieren sollen, damit Sie mehr Freiheiten gewinnen, auch die Freiheit, von sich abzusehen.

Sie erhalten damit ebenso die Chance, durch Ihre positive Grundeinstellung und Ausstrahlung Ihre Umwelt unmittelbar zu beeinflussen, auch das Beziehungsgeflecht, in dem Entscheidungen getroffen werden. Ich bin ein sehr rationaler Mensch, wie Sie sicher im Lauf des Buchs erkannt haben. Und eben deshalb bin ich von der Macht der positiven Gefühle und Gedanken absolut überzeugt. Weil sie eine Realität sind und weil ich selbst die allerbesten konkreten Erfahrungen damit gemacht habe. Kleines Beispiel: Positive Gefühle helfen bei der Parkplatzsuche.

> Rationale Menschen sollten an die Macht der Gefühle glauben

Ich stelle mir bildlich vor: Jetzt wird ein Parkplatz frei. Und dann wird einer frei! Früher bin ich mit dem Gedanken ins Parkhaus gefahren: Es ist eh alles voll, ich kriege sowieso keinen Parkplatz. Ich kurvte durch die Stadt, einmal mit der ganzen Familie im Auto, und war dann so genervt, dass ich unverrichteter Dinge wieder nach Hause fuhr. Natürlich stinksauer. Irgendwann hat mir mal jemand gesagt: Kein Wunder, dass es nicht klappt; wenn du schon mit dieser Vorstellung hinfährst, kann es ja nicht mehr funktionieren. Denk mal das Gegenteil. Ich habe mir gesagt, na gut, versuchen kostet nichts. Ich kann mir das vorstellen; ich bin ja ein positiver Mensch. Ich bin also nicht mehr mit negativen Bildern in ein Parkhaus hineingefahren, sondern mit positiven Bildern. Und seitdem ich das mache, habe ich immer einen Parkplatz. Sie glauben das nicht oder halten es für Quatsch? Ich kann nur sagen: Probieren Sie es aus.

Positives Denken ist ein Erfolgsfaktor

Ich gebe zu: Keine Parkplatzsorgen zu haben ist gut und schön, aber nicht lebenswichtig. Essenziell ist die Arbeit, die man macht, und dass man sein angestrebtes Ziel erreicht. Auch dafür setze ich all meine positiven Gedanken und Gefühle ein – das ist meiner Ansicht nach unverzichtbar. Ich habe in einem anderen Zusammenhang schon einmal das Spiel USA – Iran bei der Weltmeisterschaft 1998 erwähnt. An dieser Stelle komme ich darauf zurück, weil es ein Paradebeispiel für die Kraft der positiven Einstellung ist und damit auch zeigt, wie viel Einfluss man auf die Gestaltung von Situationen aller Art nehmen kann, aber natürlich speziell auf die von Entscheidungssituationen.

TOP 8
Vertrauen Sie der Macht positiver Bilder.

Jeder wusste, dass die Welt bei der Begegnung USA – Iran besonders gespannt zuschauen würde. Schließlich waren die politischen Beziehungen der beiden Länder auf einem Tiefpunkt angelangt und man befürchtete, dass es zu Schwierigkeiten und Ausschreitungen auch im Rahmen der Weltmeisterschaft kommen könnte. Der Druck, der auf dem Schiedsrichter lasten würde, war enorm.

Schon lange vor der offiziellen Verkündung war ich überzeugt davon, dass mir dieses Spiel zugeteilt würde. Ich wollte es unbedingt und ich war sicher, dass ich es auch bekommen würde. Wenn mich die Journalisten im Vorfeld gefragt haben, welches Spiel ich gern pfeifen möchte, habe ich immer geantwortet: USA gegen Iran, dieses will ich. Ich habe mich auf das Spiel gefreut und jedem erzählt: Das ist mein Spiel.

Ich habe es gehofft, aber natürlich war auch ein bisschen Kalkulation dabei. Die Schiedsrichter werden ja nicht per Los bestimmt, sondern die FIFA sucht nach bestimmten Kriterien aus. Die Europäer waren als Schiedsrichter damals sehr stark, sie kamen sicherlich als Erste in Frage. Dann wurde auch berücksichtigt, welche Nationen in den Konflikt zwischen USA und Iran involviert waren, welche sich wie geäußert hatten usw. Da blieben an neutralen Ländern schon nicht mehr so viele übrig, aber außer der Schweiz durchaus auch Österreich oder einige der osteuropäischen Staaten. Aber auch abgesehen von diesen politischen Überlegungen war ich einfach sicher, das Spiel zu bekommen.

Ich habe auch gegenüber meinen Kollegen damit nicht hinterm Berg gehalten. Die haben zwar den Kopf geschüttelt, was ich mir da für einen Blödsinn ausgedacht hätte, und außerdem sei USA – Iran doch fußballerisch überhaupt keine ansehnliche Partie. Natürlich stimmte das,

England – Italien etwa wäre ein ganz anderes Kaliber gewesen. Aber mich reizte halt die Herausforderung, aus einer Begegnung, die so sehr von der politischen Lage überschattet war, ein richtig gutes Spiel zu machen.

Als dann die Kuverts verteilt wurden, habe ich meins gar nicht aufgemacht. Ich brauchte gar nicht hineinzuschauen, ich wusste ja, dass ich das Spiel USA – Iran bekommen würde. Ein österreichischer Kollege öffnete es dann für mich und war platt, als er lesen musste: USA – Iran.

Selbstsicher sein, trotzdem Respekt haben

Ich hatte ordentlich Respekt vor der Partie, es war schließlich meine erste Weltmeisterschaft. Und natürlich wurde darüber gesprochen, ob es bei dieser heiklen Begegnung Ausschreitungen geben könnte oder Anschläge oder ob das Ganze damit enden würde, dass eine Mannschaft vor Ende des Spiels vom Platz liefe. Ich hatte diese Gedanken im Kopf, aber keine Angst. Ich habe versucht, mich darauf zu konzentrieren, dass es in allererster Linie ein Fußballspiel sein sollte, und zwar ein gutes. Und ich habe mir immer wieder vor Augen geführt, dass ich es schließlich geschafft hatte, bis zu diesem Punkt zu kommen, und alle Voraussetzungen mitbrachte, um es gut zu machen. Für Selbstzweifel sollte es daher weder einen Grund geben, noch war dafür die Zeit.

Sehr geholfen hat mir, dass auch meine Kollegen die Angelegenheit so sahen. Einen Tag vor dem Spiel gab es eine Sicherheitssitzung, in der darüber gesprochen wurde, wie diese beiden Länder einander begegnen würden. Es waren auch Amerikaner und Iraner da, und man merkte rasch, dass sie sich Mühe gaben, ein gutes Einverständnis herzustellen. Man spürte, dass jeder der Welt zeigen wollte: Hier wird Fußball gespielt, wir lassen die Politik außen vor.

Dann kam der 21. Juni 1998, der Fairplay-Tag der FIFA, an dem auch das Spiel stattfand. Im Meeting schlug ich vor, dass wir der Welt symbolisch und von vornherein zeigen sollten, was Fairness und Völkerverständigung sind. Und dafür sollten sich die beiden Mannschaften vor dem Spiel nicht getrennt, sondern gemischt aufstellen, mit Schiedsrichtern und allem Drum und Dran. Das offizielle Foto sollte also zeigen, dass sich alle zusammengehörig und einem guten Spiel verpflichtet fühlten.

Symbolische Zeichen zur Förderung der guten Stimmung

Die Iraner kamen aus ihrer Kabine und hatten jeder eine weiße Blume in der Hand. Die Amerikaner hatten zwar nichts dabei, waren aber locker drauf. Dann wurde das Foto gemacht, mit allen Spielern und den Schiedsrichtern. Ich muss sagen, das war der schönste Moment in meiner ganzen Schiedsrichterkarriere. Es war wie an dem Punkt in einem Hollywood-Film, an dem er fragt, ob sie ihn heiraten will, und sie sagt ja, alle fangen vor Rührung an zu weinen und das Happy End ist da. So ähnlich war es auch im Stadion: das Blitzlichtgewitter, die politische Presse schier aus dem Häuschen und das ganze Stadion tobend vor Begeisterung. So etwas habe ich nie vorher und nie mehr danach erlebt: Die Zuschauer jubelten und weinten, einfach weil sie wussten, dass sie einem historischen Moment beiwohnten. Es waren letztlich nur ein paar Minuten, aber von einer ungeheuren Intensität, die das ganze Spiel beeinflusste.

Ich habe mich erstklassig gefühlt und war auch ein bisschen stolz darauf, dass ich die Idee mit dem gemeinsamen

Foto gehabt hatte und dadurch eine so positive Stimmung bei allen entstanden war. Das ist es, was ich meine: Gute Gedanken und Gefühle strahlen auf alle Beteiligten ab, sie potenzieren sich, weil auch die anderen mitmachen und ihre gute Stimmung dafür sorgt, dass eine solche Situation bestehen bleibt. Das ist etwas vollkommen anderes als die rituelle Beschwörungsformel: Wir finden uns alle ganz nett. Daraus folgt nichts oder im besten Fall ein bisschen was. Aus einer positiven Grundhaltung hingegen, die man wirklich fühlt und von der man überzeugt ist, entwickelt sich eine Kraft, die die Realität gestaltet. Und darauf kommt es an: im Fußball, im Unternehmen und auch sonst überall.

TOP 9
Geben Sie Ihrem Glück Raum.

Ich habe mich nach diesem Auftakt bei dem Spiel auch sehr sicher gefühlt. Aber: Glauben Sie nicht, ich sei ein Fantast, selbstverständlich wusste ich, dass es Tausende von Möglichkeiten im Universum gab, die mir und dem Spiel doch noch einen Strich durch die Rechnung hätten machen können. Aber die einzige Chance, um mit solchen Dingen fertig zu werden, besteht darin, sich nicht einschüchtern zu lassen, schon gar nicht vorher, sondern mit unerschütterlicher Zuversicht vom erfolgreichen Ende auszugehen.

Noch eins gehört zum Erfolg: ein bisschen Glück. Im Deutschen gibt es ein Sprichwort: »Das Glück gehört dem Tüchtigen.« Als Kind habe ich mich immer gewundert, warum das so sein sollte. Ich fand es auch ein bisschen ungerecht, weil ich mir dachte, dass der Tüchtige doch wahrscheinlich sowieso Erfolg haben würde. Glück benötigten daher eher die anderen. Erst später habe ich verstanden, dass es einen Zusammenhang zwischen Einsatzfreude und Glück gibt, indem der Tüchtige seine Chancen durch ausführlichere Vorbereitung, Vermehrung der Alternativen oder einfach besseren Überblick aufgrund von Informationen erhöht. Er bereitet sich intensiver vor, und das wirkt sich auf verschiedenen Ebenen günstig aus.

Klarer Zusammenhang zwischen tüchtig sein und Glück haben

Bei diesem politisch heiklen Spiel kam mir zweimal das Glück zu Hilfe. Die eine Situation mit der Gelben Karte, zu der mich mein Assistent zwang, habe ich schon im ersten Kapitel erzählt. Es gab aber noch einen anderen kritischen Moment, nämlich eine Elfmetersituation. Ich hätte eigentlich den amerikanischen Torhüter vom Platz stellen müssen und für die Iraner einen Elfmeter geben müssen. Ich spürte jedoch genau, dass einer der Iraner es darauf angelegt hatte, den Amerikanern eine Rote Karte unterzujubeln. Er hätte bei der Aktion gut ausweichen können, hat sich aber im Gegenteil eingehakt und fallen lassen.

Für die Menschen im Stadion und für die Fernsehzuschauer war die Angelegenheit eindeutig: Der amerikanische Torhüter hätte die Rote Karte und die Iraner Elfmeter bekommen müssen. Ich hätte also alle Zustimmung der Welt erhalten, wenn ich ihn vom Platz geschickt hätte. Aber ich habe es nicht gemacht, ich habe nicht gepfiffen. Ich habe gespürt, dass der Iraner sich mit Absicht hat fallen lassen, dass er eine unübersichtliche Lage für sich nutzen wollte. Wahrscheinlich hatte er nichts Besonderes im Sinn, jedenfalls keine große iranisch-amerikanische Konfrontation, sondern nur gemacht, was Fußballer in bestimmten Situationen halt so tun. Aber ich wollte die gute Stimmung nicht kaputtmachen und mit einer Roten Karte aufgrund von Schummelei eine unnötige Schärfe ins Geschehen bringen.

Beim Schlusspfiff stand es schließlich für Iran 2:1. Damit war die Sache erledigt, niemand sprach mehr über den nicht gegebenen Elfmeter. Wäre es jedoch unentschieden ausgegangen oder hätten die Iraner sogar verloren, dann wäre ich natürlich sehr in Bedrängnis geraten. Aber so hat einfach alles gestimmt und es war wunderbar. Also, Glück gehabt. Und eine feste Überzeugung. Das war die ideale Kombination.

Häufige Begleiterin von Entscheidungen: die Angst

Ein Journalist hat mich mal gefragt, ob ich vor diesem Spiel Angst hatte, weil es meine erste Weltmeisterschaft war und dann gleich ein Spiel zweier verfeindeter Nationen. Sagen wir mal so, richtige Angst hatte ich nicht, aber einen gehörigen Respekt. Denn man weiß schließlich: Je höher das Niveau, desto größer das Risiko. Das gilt in der Wirtschaft und in Unternehmen, in der Wissenschaft und im Sport natürlich auch. Mir war das selbstverständlich bewusst. Ich war am Ziel meiner Wünsche, ich war sozusagen auf dem Mount Everest der Schiedsrichter angekommen. Aber ein Fehlpfiff genügte und man wäre wieder unten.

Es ist immer wichtig, dass man richtige Entscheidungen fällt, aber in Spielen auf diesem Niveau, also dem höchsten, das es in der Fußballwelt gibt, kommt den richtigen Entscheidungen eine noch größere Bedeutung zu. Fehlentscheidungen entwickeln eine Tragweite, die das sofortige Ende einer Karriere bedeuten kann. FIFA und UEFA beschließen, dass man als Schiedsrichter auf dieser Ebene nicht mehr eingesetzt wird, und das war's dann. Man kennt als Schiedsrichter dieses Risiko und man will seine Sache gut machen, auch um die Früchte seiner jahrelangen Arbeit noch eine Weile genießen zu können. Man möchte noch einige Zeit auf diesem Niveau bleiben.

Natürlich verursachen diese Wünsche Verlustangst. Es kommt darauf an, dass man in der Lage ist, die beiseite zu schieben, sonst wird es sehr schwer, eine Partie gut zu leiten. Der Druck ist also immens und ich habe oft erlebt, dass selbst sehr gute Schiedsrichter dem nicht standhalten konnten und nach einer Weltmeisterschaft einfach weg waren. Sie hielten diese mentale Belastung nicht aus und leisteten nicht so viel wie sonst. Manche hatten vielleicht einfach auch Pech, aber ich glaube, dass den meisten ihre Angst zu schaffen machte.

In der Regel ist Angst ein unproduktives Gefühl. Sie lenkt ab, sie blockiert, sie verhindert. Man sollte alles daran setzen, sich von Angst zu befreien. Ich habe in den früheren Kapiteln schon ausgeführt, dass man nicht allein seinem Gefühl trauen kann, sondern seinen Verstand als Regulativ einsetzen sollte. Ebenso hilft die Erfahrung, seine Vorstellungen mit der Realität zu vergleichen. Bei der Angst ist es nichts anderes. Sie können prüfen, ob Ihre Angst gerechtfertigt ist. Angst ist ja keineswegs per se irrational, sie kann einer Situation sehr angemessen sein. Oft ist sie es aber nicht. Oft tappen wir in die Falle einer Vorstellung, die Angst auslösend ist und damit die Situation tatsächlich zu unseren

Angst kann auch Positives auslösen

Ungunsten verändert. Man verkrampft, man wird hektisch, man überblickt die Lage nicht mehr, sondern hängt mittendrin fest.

Angst als Zeichen für ein grundsätzliches Problem erkennen

Man kann und soll diese Angst bekämpfen. Sie sollten aber auch genau hinschauen, auf sich selbst schauen, und prüfen, ob es eine Rechtfertigung für Ihre Angst gibt. Wenn Sie sich jeden Morgen an Ihren Schreibtisch als Abteilungsleiter setzen und sich vor dem ersten Telefonat schon sorgen, was der Tag wohl bringen mag und wie Sie es schaffen sollen, bis zum Abend durchzuhalten, dann sollten Sie das ernst nehmen. Lesen Sie die Botschaft, die in Ihrer Angst steckt. Sie kann lauten, dass Sie der Aufgabe nicht gewachsen sind – ob aus persönlichen Gründen oder weil die Rahmenbedingungen ungeeignet sind, spielt zunächst einmal gar keine Rolle. Die Angst vor der Blamage oder dem Imageverlust hindert Sie daran, dem Grund Ihrer eigentlichen Angst auf die Spur zu kommen. Das ist eine unglückliche Kombination und führt dazu, dass Sie nichts ändern können. Sie verstellen sich mögliche Ausgänge aus der Situation. Sie werden immer schlechter und das bedeutet, dass bald andere für Sie entscheiden werden.

Gerade bei Managern habe ich oft erlebt, dass sie Angst davor haben, ihre Angst zuzugeben. Weil das nicht zum Selbstbild passt und weil sie – oft zu Recht – befürchten, dass es von ihrer Umwelt und ihren Vorgesetzten als Zeichen der Schwäche und der Untauglichkeit interpretiert wird. Daher geben viele ihre Angst nicht einmal vor sich selbst zu. Doch man kann sie durch Ignorieren nicht ausschalten, sie macht sich so oder so bemerkbar. Auch deshalb sind die Arztpraxen voll von Leuten, die ihre Magengeschwüre nicht loswerden und ohne pharmazeutische Hilfen kaum arbeitsfähig wären. Das sollte Ihnen nicht passieren. Denn das wäre der größtmögliche Schaden, nämlich die totale Selbstentfremdung, der Verlust des Körpergefühls und Ihrer Beziehung zu sich selbst.

Ich meine, Sie sollten es sich wert sein, bei sich zu bleiben, nicht den Kontakt zu Ihrem Ich zu verlieren. Angst ist eine natürliche Erscheinung des Lebens, man darf ihr nur nicht die Oberhand lassen. Deshalb aber muss man sich mit ihr auseinandersetzen. Alle Ihre Gefühle gehören zu Ihnen, sie bilden Ihr Ich. Nur wenn Sie alle einbeziehen und zu ihrem Recht kommen lassen, sei es als kritisches Signal oder als positive Unterstützung, können Sie mit sich im Reinen sein.

TOP 10
Vertrauen Sie sich.

Sie haben wahrscheinlich dieses Buch gekauft, weil Sie Ihr Entscheidungsverhalten verbessern wollen. Das heißt, Sie haben schon eine Entscheidung getroffen. Und Sie haben sich für ein Buch entschieden, das kein Schema F anbietet, sondern ein individuelles Konzept – meins und Ihrs. Weil ich davon überzeugt bin, dass es keine Liste der Persönlichkeitsmerkmale gibt, die Sie einfach abarbeiten könnten und nach der Sie dann immer richtig entscheiden. Wer Ihnen das verspricht, versteht nichts von Entscheidungen oder er gaukelt Ihnen etwas vor.

Ich habe Sie an meinen Erfahrungen teilhaben lassen, aus denen sich Empfehlungen ergeben haben, die mir plausibel erscheinen, und Regeln, die ich selbst befolge. Ich habe versucht, Ihnen die Grundlagen von Entscheidungen näher zu bringen, habe ein paar wissenschaftliche Informationen geliefert, bin auf psychologische Gegebenheiten und Spezialitäten in bestimmten Beziehungen eingegangen. Ich habe gestreift, was Männer anders machen als Frauen, was diese besser können als jene.

Meine Empfehlung lautet: Tun Sie, was Sie für richtig halten, wenn es auf Basis einer ehrlichen, ungeschminkten Analyse Ihrer selbst und Ihrer Situation geschieht. Niemand kann für Sie entscheiden, denn niemand ist genau so wie Sie. Mein Ziel war, dass Sie sich nach dieser Lektüre befreit fühlen von den tatsächlichen oder eingebildeten Zwängen, die Sie bisher bei Entscheidungen behindert haben. Und ich möchte, dass Sie sich ermutigt fühlen und Zutrauen zu sich selbst haben. Damit es nicht mehr heißt »Du bist die Entscheidung«, sondern Sie sagen können:

»Ich bin die Entscheidung!«

Die Top Ten des Ichs auf einen Blick

TOP 1	Erkennen Sie Ihre Schwachpunkte.
TOP 2	Nehmen Sie sich nicht so wichtig.
TOP 3	Richten Sie sich nicht in einer Enttäuschung ein.
TOP 4	Versetzen Sie sich in die Lage der anderen.
TOP 5	Studieren Sie die Charaktere der Einzelnen, dann erkennen Sie auch die Gruppendynamik.
TOP 6	Es lohnt sich, am Ich zu arbeiten.
TOP 7	Bringen Sie Ihre Souveränität zur Entfaltung.
TOP 8	Vertrauen Sie der Macht positiver Bilder.
TOP 9	Geben Sie Ihrem Glück Raum.
TOP 10	Vertrauen Sie sich.

Literaturhinweise

Ich habe einige Zeitschriftenartikel zum Thema »Entscheidung« gelesen sowie verschiedene Bücher. Freunde und Kollegen haben mich außerdem auf etliche nützliche Titel aufmerksam gemacht. Eine Auswahl, die fürs Weiterlesen interessant sein könnte, führe ich hier auf:

Bamberger, Christoph: *Stressintelligenz.*
So finden Sie Ihren optimalen Stress-Level und gewinnen Lebensenergie, Knaur-Verlag, München 2007

Gigerenzer, Gerd: *Bauchentscheidungen.*
Die Intelligenz des Unbewussten und die Macht der Intuition,
C. Bertelsmann Verlag, München 2007

Gladwell, Malcolm: *Blink! Die Macht des Moments,*
Taschenbuchausgabe Piper Verlag, München 2007

Kast, Bas: *Wie der Bauch dem Kopf beim Denken hilft.*
Die Kraft der Intuition, S. Fischer Verlag, Frankfurt/M. 2007

Rohrhirsch, Ferdinand: *Führen durch Persönlichkeit.*
Abschied von der Führungstechnik, Gabler Verlag, Wiesbaden 2002

Roth, Gerhard: *Persönlichkeit, Entscheidung und Verhalten.*
Warum es so schwierig ist, sich und andere zu ändern,
Klett-Cotta Verlag, Stuttgart 2007

Wetterer, Eva Christiane: *Die Kunst der richtigen Entscheidung.*
40 Methoden, die funktionieren, Murmann Verlag, Hamburg 2005

Bas Kast
Wie der Bauch dem Kopf beim Denken hilft
Die Kraft der Intuition
224 Seiten. Gebunden

Was weiß der Bauch, was der Kopf nicht weiß?

Basierend auf den neuesten wissenschaftlichen Erkenntnissen zeigt der Bestsellerautor Bas Kast, wie sehr die Gefühle integraler Bestandteil unseres Denkens sind und wie sehr wir uns darauf verlassen können. Wenn wir unsere irrationalen Seiten kennen und zu nutzen wissen, können wir die kreativen Kräfte in uns wecken – und kommen selbst bei komplexen Entscheidungen zu Ergebnissen, die uns glücklich machen.

S. Fischer